智元微库
OPEN MIND

成长也是一种美好

U0125512

Be Famous

如何正面影响并帮助更多人

马徐骏 著

人民邮电出版社

北京

图书在版编目（CIP）数据

成名：如何正面影响并帮助更多人 / 马徐骏著. --
北京：人民邮电出版社，2023.8（2023.9重印）
ISBN 978-7-115-61852-8

Ⅰ.①成… Ⅱ.①马… Ⅲ.①演讲－语言艺术－基本
知识 Ⅳ.①H019

中国国家版本馆CIP数据核字（2023）第092926号

◆ 著 马徐骏
  责任编辑 刘艳静
  责任印制 周昇亮

◆人民邮电出版社出版发行 北京市丰台区成寿寺路11号
邮编 100164 电子邮件 315@ptpress.com.cn
网址 https://www.ptpress.com.cn
河北京平诚乾印刷有限公司印刷

◆开本：880×1230 1/32
印张：9
字数：200千字
2023年8月第1版
2023年9月河北第2次印刷

定 价：69.80元

读者服务热线：（010）81055522 印装质量热线：（010）81055316
反盗版热线：（010）81055315
广告经营许可证：京东市监广登字20170147号

当你要接受服务的时候，你的语言能力再低也不怕低，因为别人会揣摩你；而当你要提供服务的时候，你的语言能力再高也不够高，因为你得把别人说动。一个人在语言上的投资回报率往往是极高的，因为这能让你的影响力倍增。马徐骏老师的《成名》，主要讲的是演讲和写作的艺术。只要你想正面影响和帮助更多人，你就会从这本书里得到许多经验和启发。

——薛兆丰　经济学者，《薛兆丰经济学讲义》作者

这个世界一点也不有趣，我们想变得更好，只能每天扎扎实实地"蹲马步，踩梅花桩"，没有任何捷径。所有你看到的逆袭，都是厚积之后的薄发。所有你看到的一夜成名，背后都是你看不到的，一夜一夜的厚积。

——刘润　润米咨询创始人

马徐骏不但是一个有巨大影响力的演讲者和作家，而且是个特别好的老师。这本《成名》讲的是如何成为一个卓有成效的输出者，是关于演讲和写作的独特心法，是来自火线的经验，我从中学到很多。如果你把成名当成目的，你大概很难成名；如果成名是你为了帮助更多的人而不得不承担的责任，马老师一定可以帮你。

——万维钢　科学作家，"得到"App《精英日课》专栏作者

20 世纪 80 年代，曾有经济学家"为钱正名"，今天，马徐骏"为名正名"。马徐骏的"成名"，是先成就别人，这既是境界，也是他的经验之谈。在表达的溢价越来越大的今天，马老师在这本书中关于演讲和写作的独家秘籍，价值千金。

——施宏俊　芒格书院创始人

成名，什么是名？《说文解字》里，许慎说是"夕"和"口"二字的组合——天黑时，看不到人脸，只能以口称名，相互认识。在信息爆炸的时代，每个人都"面目不清"，只有演讲和写作，能把自己的独特故事传出去，让世界认识你。是以，成名。

——古典　个人发展规划专家、《拆掉思维里的墙》作者

我是有幸成为 2022 年马徐骏老师《回响·开年演讲》的嘉宾，有这个经历，再看这本书，就更有感触。我读这本书时，有几个感想：1.马老师是从排斥出名，到想明白人该如何与"名利"相处之后，才动手写《成名》这本书的；2.他发现了一个秘密：一个努力蒙头干活、创造价值的人，如果希望能帮到更多人，那么最有效的方法是演讲和写作；3.该怎么有效演讲呢？这本书不是要给你讲道理，而是马老师亲自下场，躬身入局，在做最好的演讲舞台《回响·开年演讲》的过程中，把自己的探索、实践、积累和盘托出的产物。我自己觉得，这是诚意之作，不看是损失。

——成甲　《好好学习》《好好思考》作者

全是精髓，价值连城

2020 年，为了自己的进步，我主动结交了马徐骏老师。

跟他认识快三年了，我们总共见了二十多面，在共同成长的道路上结下了深厚的友谊。

这次他出新书邀请我写序，我感到无比荣幸。

作为写序者，我特别想对读者朋友们说十句话：

一、马徐骏老师人品过硬，在我们的朋友圈里有口皆碑；

二、他有三个优点特别吸引我，一是无比真诚，二是见多识广，三是做事特别用心；

三、他的专业功力极其深厚，他是国内表达领域王者级的老师；

四、他不仅自己讲得好、写得好，而且培养出了很多高段位的教练，为多个行业的发展做出了巨大贡献；

五、他主办的《回响·开年演讲》，场场都是精品，参与者赞不绝口；

六、他非常重视这本书，前后写了三年，几易其稿，终于打磨出这部大作；

七、阅读本书书稿的时候，我全程都很兴奋，不断被启发，不断有新的收获；

八、读完本书书稿，我用电脑写下了一句感言：全是精髓，价值连城；

九、我决定采购 2000 本《成名》，把它作为礼物，送给我的社群成员们；

十、如果你也想成为表达高手，如果你也想成为很有影响力的人，这本书将会给你带来大惊喜。

是为序。

剽悍一只猫

个人品牌顾问、《一年顶十年》作者

2023 年 6 月 12 日于上海

自　序

两年前的冬天，当我决定推翻之前写的全部内容、重新写这本书时，能够理解我的人很少。

当然，这并不是说，当时这是一本被人翘首以盼、万众期待的书。就像这个世界上所有的事情一样，在真正发生之前，绝大部分人是不关心的，在少部分知道的人里，大部分也感到无所谓，只有其余很少部分的人，想让这件事快些发生。

是啊，为什么不快些呢？这难道不是个追求效率的时代吗？天下武功难道不是唯快不破吗？何况这本书既然讲的是"成名"，那么难道不该像张爱玲的那句名言那样——"出名要趁早"吗？

不，恰恰因为这本书讲的不是"出名"，而是"成名"，所以更值得花时间去想清楚。就像我在书中写的那样，"出名"并不难，但好的名声和人望，是需要时间去孕育和积累的，急不来。

如果把名望理解成产品，那么好的产品必须经过反复的打磨才有可能被消费者接受。

如果把名望理解成品牌，那么优秀的品牌要经得起时间考验，才能真正成为他人可以不假思索信赖的结果。

而名望这东西，恰恰是这二者的结合，既需要像好产品那样被反复打磨，更需要时间来开花结果。

我试图用最简单、最浅显的语言来写这本书，因为我相信有非常多的人需要它，因此易读、易记、易传播非常重要。

何况，在这个世界上要把一件事搞复杂很容易，要把它弄得清晰易懂反而很难。

不过幸好对我而言，在简单的事和有挑战的事之间，我永远选择有挑战的事。

因为我相信，当一个人在探索自己能力边界的时候，也同时拓展着自己的能力边界。

"出名不等于成名，想要成就一个人的名望，最简单最容易的办法就是演讲与写作。"——这句话就是本书最核心的要点。

在此之前，如果你问别人如何才能成名，可能 1000 个人有 1000 个答案，这些答案未必是错的，却无法给你明确的方向和行动的指针。

你会发现，在某个重要的观念被提出之前，似乎一切都是混沌不清的。比如，为什么会有白天与黑夜？人为什么会生病？我们到底是从哪里来的？

于是从地心说到日心说，再到观测宇宙，我们看到了自己的未来；于是从体液说到恶气说，再到细菌微生物和基因，我们明白了自己的现在；于是从神创论到进化论，我们理解了自己的过去。

这些解释就像历史上所有的解释一样，都不是终极的，如同物理学家戴维·多伊奇所言：科学的进步永远是一种好的解释，被另一种更好的解释所替代。这就是俗称的"范式转移"。

但有趣的是，曾经晦暗不明、众说纷纭的解释，在某个观点被提出，再被大众逐渐知晓之后，突然所有人都发现："对啊！理应如此！这不是明摆着的事嘛！可之前为什么就没有人往这个方面去想，去总结呢？"

我希望这本书，就能让你产生这样的思考。

虽然它不涉及自然科学，也未必算是社会科学，却跟这个时代的每个普通人息息相关。

互联网的出现除了加速信息的流动，也让每个普通人受益。我们的想法能够以更低的成本变成文字被人阅读，我们的语言能够以极高的效率被人听到，短视频的出现更让每个人被其他人看到的可能性被无限提高。

如果你是个有自己独到见解的好人，那么你就值得被更多人看到，进而去影响和帮助更多人。

归根结底，能让一个人得一时之快的，可能是技巧，但让一个人走得更远的，永远是一种优秀的价值观。

因此，我请到了我所认识的人里，那些让我钦佩的人，来给这本书写推荐语。

薛兆丰老师在写作专栏的时候，可以因为一个词语的准确性跟编辑反复推敲。哪怕拥有多年的教学经验，他也愿意接受全新的表达方式来重塑自己无比熟悉的内容，只为了能让更多人理解经济学并从中受益。

万维钢老师是我最钦佩的专栏作家，他不但阅读量极大，还能够用清晰生动的语言，把最新的思想和洞见讲述得让人如痴如醉、欲罢不能。

刘润老师对自己敢下狠功夫，一年365天，他能把至少200天用在出差到各地做实地调研上，剩下的时间又笔耕不辍，几乎是以一年一本书的速度在发表自己的思考。

施宏俊老师是优秀的出版人，《追风筝的人》《魔戒》《指环王》《穷查理宝典》等百万级别以上的畅销书都出自施老师之手；更让人钦佩的是，当年从复旦大学哲学系毕业被分配到出版社的时候，施老师毫无怨言地从事校对工作，靠着一点一点积累，成了了不起的出版人。

古典老师性格颇具侠气，爱好多元，交友广泛，却能够在个人职业规划和发展这个领域深耕多年，给无数迷茫的人指明了未来的方向。

成甲老师为了搞明白到底"何为正确"而钻研学习的方法，可以多年保持每天早上五点多起床，坐在书桌前阅读反思，并不停请教、学习。

剽悍一只猫为了完成自我的修炼，坚持不抛头露面参加活动，日复一日做好自己的日课，钻研思考，不停迭代，帮助和影响了很多人。

这些人的身上，都有一种执着。

这种执着经历了时间的考验，最终成就了他们各自的名望。我由衷地感谢他们，在跟他们的交往中，我获益良多。可以说，这些推荐人本身，就是这本书最好的注释。

另外还要特别感谢我的策划编辑刘艳静老师，她从没有想过放弃这本一度几乎要夭折的书，没有她的坚持，很难说这本书到底何时才能与你相逢。

同时还要感谢郑连娟老师，不但发掘了这本书的选题，还在我决定要重写的时候，给予我足够的耐心。

最后要感谢的，是我的夫人王菁，还有我的合伙人王磊。创业这条路永远都是艰难的，在过去的三年里更是如此，是你们坚定的支持，让我走到了现在，我想跟你们一起走到那个我们曾经遥望的地方，实现我们梦想的目标。

这段旅程，或许也是这本书正在讲述的故事。

年少时，我无数次问过自己，向往的未来何时到来。我想，答案就像我们《回响·开年演讲》2023 年的嘉宾，武侠小说作家飘灯所说的："你想要的一切，都在路上。"

愿这本书成为你成名之路上的指南针与护身符。

如果你是一个不甘于平凡、动机良善且想要有所作为的人，那么这本书会给你帮助。

所谓帮助，并不是让你一夜暴富，也不是让你一鸣惊人，而是让你用一种安全且可持续的方式，不断放大自己的"声量"，扩展自己的影响力，让更多的人认识你，在未来的时间里始终记得你并且认可你，进而你可以以此正面影响并帮助更多人。后者是我所提倡的"成名"方式。

人们常说：在自媒体时代，每个人都有机会成名至少一次。那么，成名是否有迹可循？

我认真梳理了自己过去的生活和工作，在研究古今中外大量成功人士的成长路径后，对这个问题有了明确的答案：成名的关键在于做正确且可持续的事情，把勤奋和专注投入有效的地方。

什么是有效的地方呢？

在我看来，有两种：一种是演讲；另一种是写作。

不可否认，一个人的成功有很大的运气成分，成名更是一件特别依靠运气的事。更何况对一个普通人来说，能持续地做好演讲和写作这两件事，且越做越好，就已经是不容易且需要定力的了。

我们已知的那些著名人物、各个领域的"大神"，几乎都是从"小白"成长起来的，他们做正确的事情，不断积累自己的"作品"。演讲是作品，文章也是作品，关键在于积累可以不断叠加带来复利的作品。

也许他多年前发布的一篇文章，今天被人看到，读者很喜欢因此记住了他；也许是他的一次精彩演讲，让人印象深刻，于是机会靠近了他。

在人类群星闪耀的图谱中，从孔子到牛顿，从恺撒到乔布斯，各行各业都涌现过许许多多的杰出人物，他们不仅成就了自己的名望，更以成长和成就正面影响和帮助了许许多多的人，使得利他之风盛行。

但是到底怎样才能把演讲和写作这两件事做好呢？

翻遍目前市面上的各种图书，我没有看到非常满意的答案。关于演讲的书，大多只讲技巧不讲内容；关于写作的书，更是理论知识多，实践操作的指导非常少。可以说，不少这类图书的作者自身并没有丰富的实战经验，只是停留在纸上谈兵的状态。所以我希望抛砖引玉，写这样一本书：让你看得懂、学得会、用得上，上手就能从理论到实操都弄清楚，你遇到不明白的事项还能翻回来寻找答案、重温原理。

真正的好东西不必藏着掖着，因此这本书的名字也非常简单直白，我的初心也足够坦诚，就是告诉你怎样通过演讲和写作"成名"的，进而正面影响并帮助更多人。

在为这本书整理内容的时候，我简单梳理了一下这几年自己做过的工作。从文字输出方面来说，我在 5 年的时间里，持续创作高质量的知识内容，累计写作了 700 多万字，总订阅用户超过 33 万人。

在演讲表达方面，在过去十几年的时间里，我操盘了 5000 多场演讲，全网累计播放量超过 4000 万次。更重要的是，我培训出了 57 名优秀的演讲教练，他们和我一起服务于可口可乐、华为、万科、华大基因、国泰君安等知名企业。

不管做演讲、写作，还是对于帮助他人成长，助益企业发展的方法研究，我都积累了足够多的思考，也有大量被验证过的案例和方法。在认真梳理后，我把最适合新手的方法写在了这本书里。

请注意，无论演讲还是写作，并不只有书中的这些提升方法，但刚开始尝试的人，最怕贪多嚼不烂，还是要先夯实基本功才能打造经得起考验的个人影响力。

复杂的东西有趣，简单的东西坚固。你可以把这本书当作建立个人品牌的工具书，更可以将其当作服务他人、连接社会的一个指南。

我在这本书里讲到的都是千锤百炼的经验，可能会挂一漏万，但绝对没有无效的部分，并且我尽可能地抛却了无关的修饰和铺垫。

有朋友问我："这样毫无保留地写出来，岂不是等于公开你的商业机密？你难道不担心这么做不划算吗？"

他们说的可能造成的损失是存在的，但我想传达给你的东西所带来的价值，远比它可能造成的损失多得多。

当你通过一场精彩的演讲，收获了雷鸣般的掌声和欢呼声时；当你写出一篇精彩的文章，得到了大量的留言反馈和点赞、转发时，我一定是那个最为你感到欣喜的人。

目　录

第 3 章　成名之法：写作

第 4 章　成名的坚实内核

01
CHAPTER

第 1 章

理解成名

无关家庭背景、学历、长相，演讲和写作是一个人打造个人影响力、持续精进自我的成长路径。

成名的两条路径

演讲和写作是每一个普通人都可以实践的打造个人影响力、持续精进自我的路径，这是我在研究了古今中外历史上的成绩斐然的人后得出的结论。

说起荷马，人们必然会提到《伊利亚特》和《奥德赛》这两部史诗，哪怕荷马只是收集了民间的传说，将其整理成册，他的名字也已经永远地镌刻在了历史上。

《荷马史诗》是他的著作，他因此名留青史。

中国的孔子，不仅被称为"大成至圣文宣王先师"，创立了儒家学派，还带出了 72 位贤徒，被尊为"万世师表"。如今，我们要想了解孔子的思想，必须通过《论语》这部著作，哪怕《论语》只是孔子的弟子和再传弟子根据孔子及其弟子的言行编成的语录文集。

《论语》帮助孔子在中国人的精神底色上，烙下了自己的印记。

在第二次世界大战（以下简称"二战"）期间坚决抵抗纳粹，为二战的最终胜利做出巨大贡献的英国前首相丘吉尔，在敦刻尔克大撤退后发表的演讲《我们将战斗到底》，也是流传至今的演讲名篇。

至于商业领袖们，无论古今，依然把演讲和写作当作最核心的"武器"，以此释放和扩大自己的影响力，不管是缔造苹果传奇的史蒂夫·乔布斯（Steve Jobs），还是"硅谷钢铁侠"埃隆·马斯克（Elon Musk）。

从以上例子不难看出，演讲和写作能够成就一个人的名声，不仅对伟大的人物来说是这样的，对每个普通人来说更是如此。这与家庭背景、学历、长相无关，当你努力通过演讲和写作让别人知道并且认可你的思想时，你就走在了成名的正确道路上。

有句话叫"不用重新发明轮子"，是指已经被验证了可行且高效的事情，我们不必自己重新探索一遍，学会借鉴就好。我们可以先研究那些成功者成功背后的路径，然后找出其中的共性模式，复制这种模式，照着做即可。

更何况，如果古往今来那些伟大的人物、成功者都在重复同样的路径，那么我们有什么理由不去"抄个作业"？何必自己再发明一遍"轮子"呢？

如果你还是认为，这两件事情见效太慢、收益太低、周期太长，那么我只能说，成名的关键不是走"捷径"，更不是抄小路，贪便求快，最终误入歧途，而是走正道，少走弯路。

如果你接受了我的观点，想要建立长久、稳固、安全的声望，相信这两种被验证过的方法是可行且可靠的，那么接下来，我会用整本书的内容来告诉你，到底怎样练习演讲、学会写作。

但在讲具体的方法之前，我们需要先搞清楚一件非常重要的事——到底什么叫"成名"。

"出名"不等于"成名"

要"出名"，很容易

在如今这个时代，你认为要"出名"难不难？

其实非常容易。

所谓"出名"，无非被人知道而已。

20世纪著名的艺术家安迪·沃霍尔（Andy Warhol）说过这么一句话："每个人都有机会成为15分钟的名人。"（Everyone will be world-famous for fifteen minutes.）安迪·沃霍尔说这句话的背景是电视时代的到来。那时，电视访谈、新闻、真人秀，让很多原本没有知名度的普通人一下子蹿红并被认可。那是1967年，安迪·沃霍尔对未来人们生活的预言。

生活在安迪·沃霍尔预言的未来中的我们，对于这一点的体会更深。当年，他并没有预见互联网时代的到来，更不知道如今的人们会拥有微博、微信朋友圈、短视频这样的新鲜事物。在如今这个时代，15 分钟都显得太长了，一个热搜、一条爆款视频、一句网络流行语，就可以让一个人在 30 秒内吸引几千万甚至上亿人的关注。

要"出名"，似乎真的很容易。

然后呢？这样的"名"，是长久可靠的吗？

20 年前，谁最火

我们现在都很熟悉一个词——"网红"，主要是指通过互联网渠道被人知道的人，一般都是指普通人。那么，你知道 20 年前的著名网红都有谁吗？

我说一个名字——史恒侠，你可能会很陌生。如果我把这个人的网名"芙蓉姐姐"说出来，那么你可能有印象。

当年的"芙蓉姐姐"，还有如今依然被大众熟知、创业失败、靠直播带货还清了 6 亿元债务的罗永浩，都是 2000 年中国互联网最火的那批"网红"鼻祖。

在当时的"十大网红"排行榜上，"芙蓉姐姐"排名第一，罗永浩排名第七。

可是，你可能很久没有听过"芙蓉姐姐"的消息了，甚至可能不记得这个人了。

这背后的原因是，出名这件事，很像感冒，来得快去得也快，前后也就一周左右的时间。

有多少人，曾经一度占据微博热搜、各大话题榜，成为全民关注的话题对象，拥有巨大的流量，但他们的消失就像他们的崛起一样迅速，他们好似烈火烹油一般，骤然爆发，又消失得突然，转眼就不见了。

其中的区别到底在哪里呢？

答案是，"出名"和"成名"看起来相似，其实完全是两回事。

你要的不是"出名"而是"成名"

"出名"与"成名"，仅仅一字之差，代表的却是完全不同的维度，以及不一样的人生态度。

当我们说"出名"时，并非一定是好事。假如有一天你在学校或单位里遇到了同学或同事，他们突然神秘兮兮地对你笑着说："你知道

在成名的路上，
你应该关心的
第一件事，
是如何才能
安全地“活着”，
即持久存在。

吗？你出名了！"你会怎么想？

你大概率不会觉得这是什么好事。

"出名"仅仅是别人知道了你的名字，而"成名"的意思，并不是单纯地成为名人，而是因为某种成就得到了名气和声望。

现在也有很多人在致力于打造个人品牌，早些年商学院里并不开设的"个人品牌"课程，如今也开始遍地开花。如今是一个属于普通人的时代，优秀的人理应被人知道，成为别人的榜样。

不过，很多人都混淆了"出名"和"成名"的含义，错误地把"出名"当作自己的目标，结果是很危险的。

对于成名这件事，最重要的其实并不是有多少人知道你，而是你能持续地正向影响多少人。"流行"的最大问题在于，它们会很快过时，人们会追逐下一个"流行"，而品牌不是这样的，耐克、奔驰、苹果、宝洁这些品牌之所以能够享誉世界，很大程度上是因为它们存在的时间足够长且持续有影响力，因此有了进一步做大做强的机会。

商业品牌如此，个人品牌更是如此。

因此，在成名的路上，你应该关心的第一件事，是如何才能安全地"活着"，即持久存在。

在这本书里，我要教会你的，并不是所谓"短平快"的爆款"出名"招式，而是长久、稳定且安全的"成名"方法，你可以依靠它在自己未来的人生里，不断获得"复利"，在过好圆满、幸福且被人尊重的人生的同时，最终正面影响并帮助更多人。

有意思的是，在开设课程和提供咨询的过程中，我发现很多人对赚钱这件事不好意思开口，对出名也是一样扭捏，即便他们明明心里想要，嘴上却不敢承认。

确实，我们从小接受的教育，不但让我们羞于谈钱，还禁锢着我们对于成名的渴求。"木秀于林风必摧之""出头的椽子先烂""枪打出头鸟"基本说的都是一个意思，它们一再提醒我们要低调，出风头的事儿少干，让别人干，这样我们就安全了。

对，这样下去，我们安全了，但同时，我们也被忽视了。

罗永浩在自己的书里说过这样一句话："有的鸟来到世间，是为了做它该做的事，而不是专门躲枪子儿的。"如果你在心里对于成名和赚钱也多少有一些腼腆，那么不妨换个角度来看待"名利"。

换个角度看待"名利"

要敢于获得"名利"

我希望你通过这本书,"名利双收"。

有意思的是,很多人对"名利"的看法并不是正面的或中性的,而是相对负面的。

也难怪,在我们的传统文化里,有一些内容在告诉我们要"视钱财如粪土"、不要做沽名钓誉之徒,"追名逐利"是不对的,"邀名射利"是可耻的。

我们应该做的是"淡泊名利""清心寡欲"。

这是一道心理上的"门槛",因为从小接受的道德教育告诉我们,金钱不是好东西，对待名利要谨慎，安贫乐道才是正道。

所以哪怕心里再想，大家嘴上也都是不愿意承认自己想追"名"逐"利"的。

名利不是目的，而是工具

我曾经也认为追逐名利是不对的。

但现在我要告诉你的是，这样想是有问题的。你应该勇敢地获得"名"和"利"，前提是，获得"名利"不应该是你的最终目的，而只是你达到目的的手段。

"经营之圣"稻盛和夫先生说过："善良的动机引导事业走向成功"，"拥有纯洁美好的心灵，就能开拓与之相应的丰富、精彩的人生"，因此，我们更应该思考：成名后，拥有了好东西后，接下来该怎么办？

是放在家里当作收藏品，等客人来了展示一下，以期获得某种炫耀的满足和快感吗？

不是的。如果是这样，那才是真的浪费了"名利"。

得到的好东西是要用的，而且你有责任好好使用，用它创造更大的价值。

比如，你是某个村里最有钱的人，但只是自家吃好的、用好的，从来不管乡亲们的死活，这叫"为富不仁"。如果你为村里修桥补路、兴建学校和医院，那么你就是一个有责任、有担当的"乡绅"。

再如，你有了很大的名气，却天天只用来换取更大的利益，从来不给社会做正向的价值引导，也不能成为别人的榜样，那么你的名气就是有害的。现在很多艺人挨骂、偶像"塌房"，不就是因为他们有流量、有名气，却并没有拿出与之相匹配的作品，没有给社会带来正向的价值引导吗？

这种正向的价值引导是一种影响力，是一种让人乐于接受并追随你成长的魅力，能给予他人指引。拥有这种影响力，销售人员可以更好地影响顾客，管理者可以更好地带领队伍，家长可以更正面地影响孩子。

换句话说，你对他人和这个世界的影响力如果有限，那么你能成就的事情也容易碰到天花板。而影响力可以帮助人们更好地调配资源，服务他人，为社会贡献价值。

这才是"名利的正确打开方式"，也就是前文所讲的，它们是你达到目的的手段，而不是你追求的目的本身。

所以，不妨对自己诚实一点。追求名利本身没有错，但止步于获得名利是有害的，只有把名和利当作实现更高目标、成就大事、对这个世界和他人产生更多正向影响的工具，"名利"才会成为你的助力，而不是负担。

对于知道自己要拿名利来干什么的人来说，如果能"名利双收"，自然是最好的，但如果只能选其中一项，那么应该先成"名"还是先获"利"呢？

名气到底有什么用

如果让你二选一，名和利哪个更重要？

一定是名更重要。

名气和声望的真正作用，不只是让人被别人知道那么简单，还有塑造他人的认知。

我们不妨举个例子，这里有 3 个标签：

国际知名大导演
诺贝尔文学奖获得者
歌坛领军人物

不管你想到的是谁，他们的成就如何，又或者其实你并不认识这些人，没有见过他们，没有进行过深入的交谈，你都已经给他们贴上了这样的标签：他们都是很厉害的人。

如果这几个标签是"流量明星""失德艺人""成功学大师"，你会自动把这些标签归到另一个类别里，哪怕你同样没见过这些人，但大概率会产生这样的认知："流量明星"是资本捧红的，他们的演艺水平有待提高；"失德艺人"的人品很差；"成功学大师"就是靠忽悠给大家灌"心灵鸡汤"的人。

你不认识这些人，也没有与他们进行过深入的交流，但你已经在心里给他们下了一个判断，甚至在谈论他们的时候，你会带着不屑和鄙夷。

生命太短暂了，时间有限，我们不可能深入了解每一个人，更不能事无巨细地追究每一件事的来龙去脉和真伪。在大多数时候，我们的大脑会选择给人或事物贴上标签，将其归入某一种类别，然后建立一个理解这个世界的模型。

那么，在不认识某个人的时候，我们靠什么给这个人贴标签、归类呢？

靠的是这个人的名声。

好名声，就会塑造好认知。反过来，坏名声就等于负面认知。

那么认知又有什么用呢？

认知是可以塑造和改变"事实"的。

是的，你没有看错，这句话听起来似乎很奇怪，却最符合人类心智运作模式的规律。

我们常说以事实为依据，而事实是客观的。不过，再客观的事实，也需要人脑来认识和处理，由于我们的大脑感受和认识这个世界的方式是主观的，对同样的事实，不同的人给出的解释可能完全不同，甚至同一个人对同一事实在不同时期的理解也可能完全不同。

广告大师奥格威在《奥格威谈广告》里，提到过加利福尼亚大学心理系的研究人员做过这样一个实验。

> 他们把蒸馏水发给学生，告诉其中一部分人那瓶水是蒸馏水，告诉另一部分人那瓶水是自来水，然后让学生描述那瓶水的味道。被告知是蒸馏水的学生，大部分说没有什么特别的味道；被告知那瓶水是自来水的学生，大部分说难喝极了。仅仅是自来水这个词，就唤起了他们对氯气的印象。

实际上，他们喝到的都是蒸馏水。

为什么感受会完全不同呢？

因为我们感知这个世界的方式不是客观的，相反，非常主观——我们对事物的理解，一定会掺杂自己的主观判断。

这就叫"认知就是事实"。

同理，我们也知道，想要改变事实很难，改变一个人的认知更难。如果你掌握了改变他人认知的能力，那么你就掌握了一个非常厉害的技能，你可以用它实现你的影响力。

我们假设这样一个情景：你是公司领导，公司里有位员工天天迟到、早退，工作态度非常消极，你怎么才能让这个人改变，让他成为一个勤奋努力、积极进取的员工呢？

一些领导者可能用的方法非常简单粗暴，那就是加工资！他们认为："重赏之下必有勇夫，只要给够钱，我不信你没有干活的动力。"

这就是试图用物质激励来改变人的方法，但哪怕是给这位员工加了 3 倍工资，你认为这位员工的工作态度改善后能维持多长时间？

短则一周，再长恐怕也不会超过半年。

人的适应性很强，很快他就会习惯拿 3 倍工资这件事，会觉得这是自己应得的，然后故态复萌，甚至可能会觉得，只要自己时不时表现出没有干劲儿，说不定老板就会加工资以此激励他。结果，公司与这位员工的博弈就会陷入无止境的物质刺激循环模式。

这能持续多久呢？高水平的管理者应该怎么做呢？

他不仅懂得激励，还会找这个人谈话，了解他消极怠工的思想根源，会告诉这位员工，工作不只是为了赚钱、给老板打工，对员工自己来说也是有价值的，既能得到能力的提升，也能积累更多的社会资源。甚至就像乔布斯做的那样，只是把一群有自尊心的一流人才汇聚在一起，告诉他们"我们将一起成就一番伟大的事业"，以此激活这些人的内在驱动力。

就像《小王子》的作者、法国作家安东尼·德·圣—埃克苏佩里说的：

> 如果你想造一艘船，先不要雇人收集木头，也不要给人分配任务，而是激发他们对海洋的渴望。(If you want to build a ship, don't drum up people to collect wood and don't assign them tasks and work, but rather long for the endless immensity of sea.)

换句话说，物质刺激是外在的，真正能够驱动一个人做出改变的，是他具备的内驱力，而激发内驱力最好的方式，就是改变他对工作这件事的认知。

作为领导者，如果这一点做得不到位，对员工采取的激励方式就会变成画"大饼"和忽悠；如果做好了，就能建立企业文化，也就是现在很多公司讲的"使命、愿景、价值观"。

为什么当下是普通人成名最好的时代

如今是普通人成名、打造个人影响力最好的时代。

感谢互联网，它的出现改变了这个世界的运行方式，极大地提升了信息的流转效率和丰富程度。

互联网的普及有两个作用：去中心化和降低技术门槛。

首先，去中心化，让人们无须理解复杂的算法逻辑，其带来的最直接和简单的变化就是谁说了算。

从前，图书、广播栏目、电视节目，都是分别由出版社、广播台和电视台主导的，编辑和编导很大程度上决定了一本书能不能出版、一个人能不能上节目以及能上多久。

此前，我们经常听到一些有名的大作家在写作生涯初期被退稿的消息，像国外的简·奥斯汀、大仲马、纳博科夫，又如国内的路遥，虽然写出了《平凡的世界》这样获得茅盾文学奖的作品，也曾经频频被退稿。《活着》的作者余华，在刚开始文学生涯的前五年，写了无数稿也全部被编辑部退回。

还有 J. K. 罗琳，创作出风靡世界的"哈利波特"系列小说、有史以来最富有的作家，也曾经被十二家出版社退稿。有意思的是，在"哈利波特"已经成为公认的畅销书后，罗琳想看看自己的作品走红到底是靠运气还是实力使然，于是换了笔名，用"罗伯特·加尔布雷斯"这个名字，重新创作了小说《布谷鸟的呼唤》，结果还是被两家出版社退稿，拒绝出版。

个中原因，除了作品与出版社调性匹配及审核标准的差异，还与整个内容生产、筛选机制有很大关系。互联网在很大程度上改变了机制，你写的博客文章，更多的人可以看到，喜欢的人可以在下面给你留言点赞。要写长篇也很容易，在网站上进行连载，你会从阅读量上知道，自己写的东西到底是不是真的能打动人。

许多作者都是先在网络上走红，之后被出版社的编辑注意到，推出正式出版物而后成为知名作家的。

对此，有人开玩笑：以前是作者找编辑，互联网出现后，是编辑在网上找作者。

互联网促使普通人被看到的概率大大增加，作品与读者接触的方式及渠道更为多元，路径更短。

互联网带来的红利还不止于此，互联网还极大地降低了普通人成名的技术门槛。

在电视时代，直播这件事是很隆重的。要做好一场直播，通常需要卫星电视台才可以实现。

我参加过东方卫视的节目录制。做一场直播的阵仗是非常大的，需要提前好多天做技术、内容等各种准备，还有化妆、灯光、摄像、一大堆编导在幕后紧张地工作，生怕出现什么纰漏。

这与现在我们对"直播"这件事的感受很不一样。

如今，对普通人来说，直播这件事很"轻巧"。一个人掏出兜里的手机，连上网络，就能开始直播了，不需要那么多的协作、那么多的人力，就连是否受过专业训练这个门槛都已经不存在了。

以前，哪怕是电视购物，也必须是主持专业出身的主持人才能做，对从业者各方面的综合要求极高。根据 2023 年第 51 次《中国互联网络发展状况统计报告》，截至 2022 年 12 月，中国网民规模突破 10.67 亿。其中至少有 1.3 亿人在各个平台当主播。同期，中国有 200 所院校招收播音主持专业，每年毕业人数约为 20 000。如今绝大多数在互联网上当主播的，都是没有受过任何专业训练的普通人。

但这并不妨碍普通人中涌现的大量头部主播，依靠直播实现了超高的商业价值。

以 2021 年天猫"双十一"为例，根据淘宝直播数据，10 月 20 日当晚共计有 4.88 亿人次观看头部主播的直播，合计成交额达到 189 亿元，跑赢超过 4000 家上市公司 2020 年全年的营业收入（Wind 数据统计）。当天至 11 月 10 日，观看量上亿的主播共计 182 名，99 个直播间 GMV[1] 破亿元。

就像狄更斯在《双城记》开篇里说的，"这是最好的时代"。没错，对于想成名、想打造个人影响力的普通人来说，当下确实是最好的时代，每个人都可以在平凡工作岗位上，成为奋斗者并被看到，成为其他人的榜样。

不过狄更斯的原话还有半句："这是最好的时代，这是最坏的时代。"

任何一件事都是一体两面的，当各种门槛和壁垒都不存在时，就意味着几乎每个普通人都能成名，那么这条道路上就会显得极其拥挤，用现在流行的话来说，就是很"内卷"。

第 48 次《中国互联网络发展状况统计报告》显示，现在中国的直播用户规模已经超过 6.38 亿，占我国整体网民数量的 63.1%。

----

[1] 英文全称是 Gross Merchandise Volume，中文意思是商品交易总额。

重要的并不是

被别人知道，

而是你

因为什么

被别人知道。

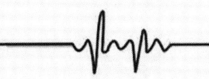

你要在这么庞大的人群里脱颖而出，面对的可能是"千军万马过独木桥"的场面。竞争实在是太惨烈了。

只要是好东西，大家就会想要，不管在哪个时代都是如此，都会面临竞争。在这种情况下，我们不妨把眼光放得长远一点，跳出你死我活的竞争维度来看成名这件事，重新理解成名的要点：重要的并不是被别人知道，而是你因为什么被别人知道，被别人记住，被别人谈论，永久存在。

不想明白这一点，就会混淆"出名"和"成名"这两件事，靠着审丑、搞怪博得一时的热度，然后就没有然后了。更糟糕的是，被人关注的滋味，往往会让人上瘾，失去关注时的痛苦也会很难熬。

既然你已经理解了"出名"和"成名"的本质区别，那么真正安全、长久且可以累积的影响力，才是你应该追求的。

还记得"成名"的定义吗？——因为某种成就而得到了名声和名望。

这个定义中最重要的关键词，既不是得到，也不是名声，而是"成就"。换句话说，你需要有自己的作品，这才是成名的关键。

第 2 章

成名之法：演讲

为什么要先练演讲

为什么在演讲与写作之间，我选择先讲演讲呢？

有两个核心理由。

第一，相比于写作，演讲是塑造影响力、获得知名度成本更低的方式。

写作一本书的时间很长，出版的流程很复杂且历时较长，至少 3 个月（相信我，这都算快的了）。相比之下，准备一场演讲的时间就短多了，长一点也就 30 天，而做好一次演讲的收益几乎是立竿见影的。

我辅导的演讲者，不但在台上光芒四射，在演讲结束后也会被团团围住。听众不仅想继续与演讲者交流，还会主动发出合作邀约。

这也是为什么乔布斯、马斯克的产品发布会举世瞩目，他们作为演讲者也乐此不疲：一次优秀的演讲不但给公司节省了七八位数的公关宣传费用，还会带来更大的影响力收益。

第二，演讲是比写作更容易学会的技能。

从语言的学习顺序上，我们都知道"听、说、读、写"。你有没有想过，为什么这四项技能遵循这样的顺序排列呢？

很简单，因为这个排序代表了我们学习语言的顺序，任何人都是先从听开始的，在大量接受外界信息并达到一定程度后，我们才能把某样东西与某种发音结合起来，比如孩子第一次对正确的人喊出"爸爸""妈妈"。

这也是我曾经在新东方的出国考试培训课上一直努力纠正的误区。很多人学英语练口语，总是试图找人讲话，其实这是错误的学习方法，练好口语的基础是练好听力。如果你对单词、句子的发音不够熟悉，就无法模仿同样的发音；你都听不懂对方说的话，又怎么可能知道用什么样的句子来回应？

大家常说的"哑巴英语"并非口语不行，真正解决口语问题的办法恰恰是提高听力的训练频次和质量。

"听说读写"，听在说的前面，听力才是口语的基础，而"读写"更靠后了。

在一般情况下，我们上学读书时才会接触到读写。文字本来就是一种较晚出现的发明，与漫长的人类历史相比，我们的祖先发明并且学会书写的时间长度简直不值一提。在文字被发明之前的漫长岁月里，人类都是通过口口相传的方式完成信息传递和教育传承的。

当年在英国学习拉丁语时，我问过教授："为什么《荷马史诗》读起来音韵这么顺口？"

英国老教授很开心地说："你抓住了问题的精髓，因为《荷马史诗》记录的就是口头文学，就是你们中国人说的说书，你们的《诗经》也是这样朗朗上口的，不是吗？因为最早的文字记录的就是人们的口语表达。"

读是写的前提，这与我们都知道的一句话——"读书破万卷，下笔如有神"相呼应，你读取的内容不够多，就很难写出好东西。听是输入，输入多了，才有说；读是输入，输入多了，才能写。

遗憾的是，虽然每年市面上有那么多出版物，但是我们的阅读量并不算大。第二十次中国国民阅读调查结果显示，2022 年中国成年国民人均纸质图书阅读量为 4.78 本，也就是说，普通中国人一年的阅读量连 5 本书都不到，两个月都读不完一本书。

比 2021 年的调查结果也就高了那么一点点（2021 年为 4.76 本）。

无论从输入还是输出的角度，与"说"相比，"写"都是一件门槛更高也更有难度的事。做好演讲的门槛比写好文章的更低，收益却很大，效果还立竿见影，因此我们没有道理不先从容易的事情做起。

对了，我还想附加一条理由：技术进步使得演讲几乎能与优秀的文字并驾齐驱。

这是什么意思呢？

如今大量的视频设备促使演讲视频的录制与传播变得非常方便。我们既能听到马丁·路德·金的《我有一个梦想》的演讲原声，也能看到乔布斯的发布会视频。

未来记录的成本会越来越低，在影响力领域，演讲视频将与文字并驾齐驱。

我之所以深信这一点，是因为我见识过好演讲的威力，我从丘吉尔、卡耐基、乔布斯身上学到了很多演讲的精髓；更因为我就是一个成功的演讲者，从几百人的课堂到上万人的礼堂，做了数不清的成功演讲。我知道怎么做才能打造出好演讲，让这样的威力最大化并持续释放。

这也是接下来我想要教会你的。

好演讲不靠才华，靠准备

首先请你一定记住一个基本事实：演讲是一种技能，靠练习就可以提升。

之所以在一开始先说明这个事实，是因为在这么多年研究演讲和辅导演讲者的过程中，我发现绝大部分人并不认为演讲是一种技能，而将其视为一种天赋。

天赋与技能的差别在于，天赋是后天无法训练也无法追赶的。一个人身高 2.2 米，这叫天赋，决定了这个人更适合从事体育运动，不管是篮球还是排球，身高上的与生俱来的优势，让他赢在了起跑线上。

因此，竞技体育本质上是一群有天赋的人尽量比拼自己的努力，而不是一群没有天赋的人去追赶天才，因为大概率根本追不上。

幸好，演讲不是这样的。

演讲的本质，

是一次

目的明确的

表达。

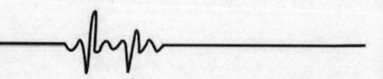

演讲的本质，是一次目的明确的表达。

哪怕不会说话，也不影响人们做出好的演讲。已故的著名科学家、《时间简史》的作者史蒂芬·霍金患有渐冻症，21 岁瘫痪，后来只有三根手指能动，根本无法用声带讲话。但这并不妨碍他成为伟大的科学家，也不妨碍他每次出席公开演讲都在世界范围内得到巨大的关注。

如果你简单地把演讲视为一种天赋，那么你永远无法做好它，同时，你也小瞧了自己，对演讲这件事理解偏了。

演讲是一项技能，是一项完全没有门槛、人人都能入门、通过练习就能不断提高的技能。

不只是演讲，写作也一样，是一门手艺、一项技能。

之所以说掌握好这两项技能是一个人成名的好的路径，是因为它们不依赖于天赋和出身，属于谁都可以学的技能，就像开车、做菜、练习乐器一样，你只听过弹钢琴、练小提琴半途而废而没学好的人，但极少听过不能学乐器的人。

相反，长高不是技能，在大多数情况下，无法教也无法学，更多依靠的是基因。相反，市面上已经有许多教人演讲的书，内容各有千秋。

因为在很多人看来，说话这件事，每个人都有嘴，都能做。只不过有人琢磨得早，有人遇到了好老师，与其他人的差距开始渐渐拉开；多年之后，别人误以为这些会表达、会演讲的人是天赋异禀。

但别忘了，每个人其实都是后天学习怎么说话的，大多数人最初都站在同一条起跑线上。

想明白这点非常重要，它能给演讲这件事"祛魅"，揭开它本就不存在的"神秘面纱"，也能让你摆正心态来面对它：学好演讲，拼的是练习量和投入度，绝对不是天赋。

如果你明白了这一点，那么不管你之前是否做过演讲，接下来的部分内容都会成为你演讲的启蒙教材，读完并且理解这些部分，你对演讲的理解会远超绝大多数人，包括现在从事演讲培训的人。

做好演讲最核心、最重要的秘诀，只有两个字——准备。

就好像做菜之前要买菜、洗菜、备菜一样，好演讲也完全是准备出来的。

怎么准备？我们先来看三张表单。

演讲的三张表单

我其实是一个既粗心又缺乏安全感的人，这会导致一个很严重的问题——焦虑。

为此，我专门研究了缓解焦虑的各种办法。在演讲上，对我帮助最大的是三张表单。它们帮助我在不同的时间点反复确认各种细节，把准备工作流程化，从而能够把更多的精力投入在演讲内容的打磨上，也更容易产生安全感来面对舞台和听众。

我准备的三张表单分别是画像表、检查表、出场表。下面让我们来详细了解一下三张表单的使用说明。

第一张表单：画像表（表1）。

表1　画像表

人数		年龄	
性别		学历	
专业		民族	
地区		信仰	
诉求			
演讲地点		演讲时长	
演讲人数		出场顺序	
演讲目的			
场地大小		交通状况	
天气状况		温度通风	
进出通道			
设备条件（打钩）			
投影仪		音响设备	
手持话筒		固定话筒	
站立		坐下	
有演讲台		无演讲台	
有主持人		无主持人	

这张表单的核心目的是帮助你完成两张重要的画像：用户画像和环境画像。

你不妨把准备一场演讲当作制作一件产品。所有产品都必须有明确的使用者，不然等于不知道卖给谁。与此同时，产品也必须适应环境和场合，假如你在别人的婚礼上讲离婚率有多高，不管讲得多么精彩，都会被主人赶出去。

在演讲准备方面，你首先要问自己一个重要的问题：你要对谁讲？

相信我，没有什么比这个问题更重要了。

你可能会不服气，这不是明摆着的吗？我演讲的对象，就是坐在下面要听我讲话的人啊！

那么，我来问你几个问题。

这些坐在下面听你演讲的人一共多少？
他们的年龄结构如何？
他们的性别比例如何？
他们的学历背景又是什么？

为什么这些问题很重要？

因为演讲并不是自言自语，而是一次你与听众的近距离交流，如果你连对谁讲都不知道，演讲本身就不成立。

人数、年龄、性别、学历、专业、民族、地区和信仰，构成了清晰的用户画像，再加上明确了他们的诉求，也就是他们坐在下面听你演讲的理由，这一理由如同让画壁上的龙活起来的点睛之笔。

然后是环境画像。

它帮助你全面地掌握演讲的场地。当你在脑海里有了详细的场地画像，就等于把一个陌生的地方变成了你熟悉的地方，这会给你带来极大的安全感。

最后一部分是设备条件检查清单，你只需要根据现实情况在清单上相应的设备处打钩就可以了。

这张画像表越早让主办方或者邀请你演讲的人填写越好，最晚也应该在演讲开始前的一周反馈。

我的习惯是每次演讲前都收集听众的问题，尽量在演讲中进行互动问答，这也是一种变相地让自己的演讲目的与听众需求匹配的方式。

好多演讲者在开始前会发愁自己要讲什么，不如干脆转换一个思路，让听众告诉你吧！

你自己闭门造车，内容不一定是听众想听的，效果也未必好，干脆就把演讲变成一场大型的问答——有了问题，就一定需要答案。这样不但你准备起来轻松了，听众也会觉得你的演讲内容很能满足他们的诉求。

第二张表单：检查表（表 2）。

表 2　检查表

☐	上衣	☐	演示文稿（PPT）
☐	裙 / 裤	☐	云盘备份
☐	皮鞋	☐	优盘备份
☐	皮带	☐	救命备份
☐	配饰	☐	演讲稿
☐	手机	☐	讲义
☐	电脑	☐	道具
☐	电源		
☐	转接头		
☐	视频连接线	☐	

检查表是用于你演讲前一天和出门之前进行二次检查的。我做成了清单的形式，你可以对照着准备好一项就在相应的方框内打钩。

演讲当天出门前，请你按照检查表检查好每样东西，我在这张表单的下面还留了一些空白，你可以填写自己的个性化选项，比如佩戴的饰品，或者准备了一些演示用的道具，都可以填进这张检查表里。

这花不了多少时间，却能够保证你或者小组成员不遗忘任何重要物件，也会让你更加从容。

第三张表单：出场表（表3）。

表3 出场表

出场前 60 分钟检查清单		出场前 10 分钟检查清单	
☐	投影	☐	着装
☐	音频	☐	配饰
☐	话筒	☐	妆发
☐	电脑	☐	牙齿
☐	电源线	☐	鞋面
☐	转接口	☐	背后
☐	演讲稿	☐	裤子拉链
☐	讲义		
☐	演示文稿（PPT）		

演讲开场前 60 分钟和前 10 分钟，你会用到这张出场表。这是你在上场前最后一次进行确认和纠错的机会。

上场前，请你再去次卫生间，对着镜子检查以下事项：首先，你的着装是否一切正常？衣服袖子和后摆的标签有没有撕？其次，你的配饰是不是在它应该在的位置？如果现场需要化妆和做造型，则应确保妆发都没有问题，若发现不妥之处，你还有时间可以纠正。

与此同时，检查一下你的牙，看看上面有没有沾着菜叶或其他污渍。检查你的鞋底和鞋面，尤其是鞋底不要沾着纸片或胶带。

至于裤子拉链的问题，男人们对这件事的尴尬回忆会更强烈一些。

假设你春风满面地走上台，正自信满满地准备开口演讲，观众席却发出一阵窃窃私语，随后是不怀好意的笑声。你低头一看，发现自己忘记拉上裤子拉链了，而你这天正好穿了一条颜色鲜艳的红内裤，它在暗色外裤的映衬下格外夺目……

我们就不提之后的演讲能否正常发挥了，如果这件事不能成为你长久的噩梦，那么你算是心理素质非常过硬的狠人了。

所以再次提醒，裤子拉链要拉上，并且必须检查确认好！

检查越细致，准备越充分，上台就越自信。

这就是我的演讲流程里必备的三张表单。

你只要使用过一次，就知道这三张表单对你演讲的帮助有多大了。

它们会让你安心。

你可能知道航空业有厚厚的《航空安全管理手册》，其中每一条规定的背后都是事故和人命换来的教训总结。而这三张表单，也都是经验的累积，你不需要重新发明一遍"轮子"，只需要照着做一遍，就能避开那些我已经替你蹚过的险。

紧张是个生理问题

一说到登台面对观众，很多人哪怕只是在脑海中想想，就已经开始冒汗了。

你别以为只有你这样，其实很多人都这样。

我参加过很多演讲培训，也做过电视节目，其中中央电视台有一档演讲节目，节目邀请的都是成功人士，包括国家政要、明星、富商等，这些人大部分见多识广、社会经验丰富。

你觉得他们马上开始演讲，会紧张吗？

答案是，他们可能比你以为的紧张100倍！

有的人甚至在上台前一刻放弃了，对导演组说："受不了，压力太大，太紧张，讲不了！"

我在参与这个节目的过程中发现，不管多大的"腕儿"，不管从事什么职业，拥有何等的社会地位，也不管曾经取得多么大的成就，我都没有见过其中有在讲台上不紧张的人，一个都没有！哪怕只是面对 200 多位听众，他们依然会紧张到声音颤抖、双腿哆嗦，甚至有些人已经上台了，也紧张到站不住，最终无法完成录制。

相信我，不管多么娴熟的演讲者，哪怕上了无数次的演讲台，在登台之前依然紧张。

以罗振宇为例，他每天都要做内容分享，面对不同的人侃侃而谈，一年要做不知道多少场演讲分享，每年年末的跨年演讲也做了好多次了。但每次上场前，他依然焦虑、紧张到不行。他的原话是："如果这时能有人替我上去讲，我把房子送给他都行！"

几乎所有讲到演讲的图书，都会把"克服紧张"这个主题放在非常靠前的位置，因为对所有的演讲者而言，这几乎都是一个非常自然的问题："我紧张怎么办？"然后是："我怎么才能不紧张？"

接下来，各种试图让自己放松下来的奇思妙想，就像沸水里的气泡一样从脑海中冒出来，比如大吼大叫、四处蹦跳、做个瑜伽，或者把自己喝到酩酊大醉，最后甚至有可能放弃演讲。

我们到底能不能克服紧张情绪呢？

在我看来，答案的前半段是"不能"；答案的后一半是"也没有必要"。

你可能不知道的是，紧张并不是一个心理问题，而是一个生理问题。

你可能会奇怪，"紧张"难道不是由心而生的吗？它不是一个心理问题吗？

其实真不是。人们"紧张"的最根本的原因是生理本能。

我们不妨想象以下场景。

一个原始人，在某个黑漆漆的夜晚，饿得不行，不得不出门觅食。他走着走着，突然面前出现了一双眼睛，在黑暗中闪烁着，瞪着他。他立刻站住了，不确定自己是不是眼花了，或许那只是星光在水面的反射？又或者是自己饿到眼冒金星产生了幻觉？于是原始人揉了揉眼睛，再睁开。哇！他发现，原来那不是一双眼睛，而是无数双野兽的眼睛在黑暗中闪烁着，盯着他。请问：如果你是这个原始人，你会是什么样的感觉？大概率你会觉得自己快没命了，出来找食物的你成了野兽们的"大餐"。此时，你只有两种选择，要么拔腿就跑，要么待在原地。

这就是著名的"战逃反应"——要么拼命，要么逃命（fight or flight）。

这个场景与演讲时的紧张有什么关系呢？

你看，当你站上演讲台的那一刻，面对的是不是一个宽广而黑漆漆的场地？是不是下面有无数双闪烁着的眼睛在盯着你？这就好像相对于爬行动物，人类有着天生本能的恐惧一样，面对这种大量眼睛注视着自己的场景，我们会产生恐惧并感受到巨大的压力，我们会紧张甚至害怕，这种反应是刻在基因里的。

讲到这里你应该就能理解，为什么我说演讲的"紧张"其实不是一个心理问题，而是一个生理问题。演讲的场景不就类似于"众人皆猛兽，我为盘中餐"的场景吗？

你不紧张才怪呢！

在我们的大脑中，有一个专门负责扫描危险的区域，叫作杏仁体。尽管它体积非常小，却永远在工作，它对环境变化和危险极其敏感，稍有风吹草动，为了保护我们，就会让我们切入"战逃反应"状态。在漫长的岁月里，它让我们的祖先在艰苦的野外环境里存活了下来，但对如今生活在都市里、站上演讲台的你而言，它却成了可怕的阻碍。你会舌头打结、不停哆嗦、直冒冷汗、大脑一片空白，都是拜它所赐。对这种状态，有一个专门的称呼——杏仁体劫持状态。

明白了这一点，你就知道为什么我们做了那么多试图克服紧张的努力都没有用了。

因为只要杏仁体还在我们的大脑里，你就不可避免地会紧张。从根本上讲，紧张就像你身体器官的一部分，你怎么可能轻易摘除如此重要的身体器官呢？

也正因为如此，如果你参加过演讲培训，就会发现先前给出的不少教你如何克服紧张情绪的方法并没有太大的作用，只能缓解一些紧张感，因为紧张情绪根本不可能克服。

因为这些方法和技巧都试图从心理层面帮助你解决问题，从根儿上说，这是找错了病因。因为演讲紧张本来就不是一个心理问题，而是生理本能。你把病根搞错了，还把精力投入在了错误的治疗上，又怎么可能会取得疗效呢？

这就是为什么马克·吐温会说，世界上只有两种演讲者：非常紧张的和假装自己不紧张的。（There are two types of speakers: those that are nervous and those that are liars.）

说白了，谁能不紧张啊？谁都紧张！

既然这样，紧张这件事就无解了吗？

当然不是，既然是生理问题，我们就从生理层面入手，试着关闭杏仁体吧！

与其问自己："我怎么才能不紧张？"不如问自己"我什么时候是不

紧张的？"

我给你描述一个简单的日常场景。

> 你早上起来，揉揉眼睛，发现还有半小时就要出门上班了。于是，你起床、整理被子、刷牙、洗脸、吃了早饭、穿上外套、换好鞋，检查了手机、钥匙、钱包带好了，推门出去上班。

从你起床到你出门的这个过程，你会紧张吗？

当然不会！

这个过程的时长，相当于你完成一次演讲。但你发现了没有，你之所以不紧张，是因为你已经把这些动作重复了成千甚至上万次，这已经是你生活的常态，你当然不会紧张。

这就好比，读高中时，我们特别害怕老师突然走进教室，从身后拿出一摞考卷，往桌上一拍，对同学们说："今天突击测验，成绩不好的叫家长！"

哇，当时的我们感到好紧张！

如果这样的场景出现在高三，你恐怕就不会感到紧张了。因为高三的我们几乎天天都要测验、考试，这样的"变态"已经变成生活中的

"常态"，你早都"疲"了，根本不会大惊小怪。相比于我们早上起床出门上班这样的生活常态，一次演讲当然是你生活中的"变态"。

我们可以通过训练把这种"变态"变成"常态"，以此减少甚至消除紧张感。

再深入一点，我要告诉你的是，对演讲而言，完全没有紧张感并不是一件好事。

如果完全没有紧张感，你大概率也做不出一个效果很棒的演讲。

紧张往往意味着重视，想要做好。完全没有紧张感，意味着无所谓、不重视。

在准备阶段，如果只是一味地焦虑，却没有着手准备演讲稿、打磨内容，那么紧张一定会化为一只猛兽把你的信心撕成碎片。

紧张之于演讲，如同《少年派的奇幻漂流》中的老虎之于少年：老虎虽凶猛而危险，但如果少了它，少年也不会被激发出求生欲并得以幸存。

从这个角度讲，紧张是有益的，你需要做的是把紧张感带来的压力转化为准备的动力。

当你认真准备好了演讲的内容，并且有足够的训练量之后，奇妙的变化会自然发生，"紧张"也会化为"兴奋"。

你说什么？怎么可能？我完全感觉不到兴奋，只有紧张啊！

这时，你需要重新理解一下"紧张"与"兴奋"的区别。

我来描述一个体验：

你瞳孔放大、心跳加快、手心冒汗、呼吸开始急促。

请问，你能分清楚我到底是在描述"紧张"还是"兴奋"吗？

这两种状态在表征上似乎没有区别，但在演讲台上，却有着本质上的区别："紧张"是因为你没有做好准备，知道自己要"死"了；"兴奋"是因为你做好了充分的准备，只是不知道自己究竟能好到什么程度。

我训练的学员，从来都无法克服"紧张"，但都会有一个很好的结果。因为通过精心的准备和大量的训练，他们完成了从"紧张"到"兴奋"的转变。

相信看到这里，你对于紧张的理解已经完全不一样了。

那么，我再告诉你一些好办法，以此更好地应对紧张。

解决紧张焦虑的三招

虽然紧张是生理性的，无法根除，但削弱和减少它对我们的影响是可以做到的。

除了做好充分的准备，我还有三个办法可以帮助你缓解紧张感。这三个办法分别是具象化、抱持同理心和进入角色。

第一招：具象化

当你害怕上台时，本质上你是在害怕自己表现糟糕，被人评头论足，但你的想象没有明确的场景和对象，所以会产生无边无际的恐惧，最终恐惧压垮了你，让你不敢上台。

这时，把自己的担忧具象化，就能帮助你对抗由此产生的负面情绪和想象。

比如你担心自己上台演讲表现不好，那么不妨问问自己：

> 你没有发挥好，谁会有意见？
>
> 谁有可能笑话你？
>
> 这个人会怎么表现？
>
> 他会怎么说你？
>
> 他会在什么场合说你？
>
> 当着谁的面说你？

问题越具体，你就越会发现自己其实根本就没什么好担心的，在大多数时候，没有人会真的在意或笑话你，即便有，也没有那么可怕。

就像我们经历过的很多事情一样，以为会很痛的疫苗注射、向心爱的人表白、一次重要的面试或述职，之前我们都会觉得很紧张，真的经历了，发现也就那么回事，甚至会因为自己之前的大惊小怪觉得好笑。

这个提前"具象化"的方法，就是通过模拟你的恐惧来直面它，在发现自己的想象有多么不靠谱中消解恐惧。

第二招：抱持同理心

你肯定听说过"人同此心，心同此理"这句话。那么在上台演讲这件事情上，有什么是你会有别人也一定会有的心理呢？

这件事就是，我们都不喜欢看到别人出丑。

这会让我们觉得尴尬，因此，我们的大脑甚至会主动帮我们删除出丑的记忆，只记住别人表现好的一面。

比如，我们在电视剧里看到让人特别尴尬的场面，送错了礼物、说他人坏话的时候当事人就在身后，我们作为观众也会觉得无比尴尬，有的人会因此想直接换台，害怕接下来出现所谓"社会性死亡"[1]的场面。

影视剧里会把冲突放大到极致，现实生活中并不会出现这么"惨烈"的状况。即便你的演讲没有达到预期效果或者出了问题，你也不用太焦虑，因为对于你在意的糟糕表现甚至出丑，别人往往根本记不住，别人会更愿意记住你出彩的那些部分。

现在娱乐八卦满天飞，一会儿这个人出事了，一会儿那个明星"塌房"了，但热度可能连一周都保持不了，很快大家的兴趣点就转移了。

就连明星都是这样，你自己的糗事有谁会真的一直念念不忘？恐怕只

---

[1] 简称"社死"，网络流行语，含义多为个体在公众面前出丑，已经达到没脸见人、只想找条地缝钻进去的程度。

有我们自己。

所以完全不用担心你的表现是不是足够优秀，就像刚才说的，大家只会记得你的优秀表现而忘掉你的糟糕表现。

如果你是这么对待别人的，那么你会发现别人也会这么对待你。这就叫"同理心"。

第三招：进入角色

这是一个"大招"，意思是你可以假装成别人。

很多演员就经常用这招，据说某知名喜剧演员其实是一个性格特别内向、害羞的人，但他在电影里和镜头前特别放得开，因为他知道自己的身份是剧中的一个角色，所以他没有任何心理负担。一旦回到现实生活中，他的话就非常少，甚至在与人交流时显得很羞涩，因为他知道这个时候，他在做真实的自己。

如果你也有类似的情况，不妨给自己设计一个角色。

有一种心理治疗的方式是"戏剧疗愈"，是指用剧中人的身份说出在现实生活中觉得很难说出口的话，比如"我爱你""对不起，请原谅我"等，因为觉得是剧中人的台词，我们就会很容易表达出来。我还知道有人在现实生活中有表达障碍，但在演戏时念台词无比流畅，这也是给自己一个角色的力量。

如果你特别在意自己，在台上时总想着自己应该表现良好，显得很聪明，被人喜欢，那么即使是很细微的瑕疵，你也会担心它影响你的完美形象。

相反，如果你扮演的是别人，那么即便出了问题，你也可以从中抽身出来，你的自我不受影响。更重要的是，当你在替自己的角色向听众传达一些东西、履行自己的职责时，你压根就没有心理负担。

我自己有过类似的情况，我不是很好意思"卖货"，哪怕是自己的产品，品质是真的好，也总是不好意思"王婆卖瓜"。如果你让我在直播时吃喝一个自己的产品，我会别扭得要死。但是我发现，当我去替别人吃喝、卖一个我觉得好的产品的时候，我则表现得虎虎生风，简直是顶级推销员附身。

你向别人表白时可能会觉得害羞，但当你替朋友给别人送情书、说你的朋友喜欢对方时，你就完全没有心理负担。这其实是一样的道理，旁观者效应会让你抽离出来，卸掉不必要的责任和心理负担。

同理，当你在舞台上，想替自己的角色完成一次与听众的沟通，比如说服家长让孩子少做作业，而不是自己去对父母说希望能少做作业，那么你的表现一定会更好。因为你就是在替孩子做一件事情，你的角色不同，心理负担就不同。

所以，如果你真的没有办法克服紧张情绪，不妨给自己设定一个角色，这个角色有一个重要的使命，它不是为了你自己，而是为了你所扮演的这个角色，来向大家推广、讲解和说明一件事情。这样不仅能大大缓解你的焦虑，而且会产生令人惊喜的效果。

在你准备上台时，不妨用一下这三招——具象化、抱持同理心和进入角色。它们给了我极大的安全感，让我不再为外部因素而焦虑，能够专注于解决演讲内容的问题。

而怎样准备好演讲的内容，就是接下来我要告诉你的。

练好演讲的根本是做好内容

在各式各样的平台上，你会看到很多人在分享怎样才能做好演讲和表达。但你会发现，他们基本上都是在教你所谓的演讲技巧。

首先要声明，演讲技巧不是没用，只是大部分初学者根本用不上。道理很简单，对优秀的演讲来说，技巧只是加分项，不是决定因素。这就好像练功夫，在你体力不支、内力不足的情况下，任何花哨的招式都无法发挥相应的威力。

除了专门的演讲培训，在其他时候，没有一个观众坐在台下是为了听演讲者讲述演讲技巧的。

在演讲里，真正起决定性作用的，是内容。

为什么你几乎听不到有人和你强调准备演讲内容的重要性呢？

原因很简单，和练内功一样，内容需要长期的训练，而且不像技巧看

在演讲这件事上，

唯一正确的道路，

就是做好内容。

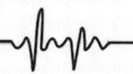

起来那么炫酷。硬功夫效果好，但见效慢，大部分人没有耐心练，都想要立竿见影的东西，于是市面上教演讲的人自然就投其所好，"你要啥我给啥，我又不关心你的进步，我只关心自己能不能赚钱，何必逼着你做辛苦的事，哪怕这件事是对的"。

这是从需求端分析原因的。

从供给端来说，原因更简单，教演讲的人大多也不知道怎么做好内容。他们只能强调技巧的重要性，因为他们只会这个。

这本书你已经读到了这里，我相信你一定不是那种没有耐心、只想着速成、学点花拳绣腿糊弄一下的人，我相信你真的关心自己的成长，也真的想学本事，不想混日子，愿意做难而正确的事。

一件事只要是正确的，就不怕难。

在演讲这件事上，唯一正确的道路，就是做好内容。

对，没有什么中间路线或不同流派，对就是对，有效就是有效。如果你觉得 TED 的演讲很好，是标杆，你就会明白，TED 强调的就是内容。花大半年时间让演讲嘉宾准备的，不是什么演讲技巧，而是有信息量和洞察力的扎实内容。

是内容，而不是技巧，让 TED 成了世界级的演讲标杆。

我在经过这么多年的思考和实践后，发现练好演讲唯一正确的方式，就是做好内容。

自 2021 年元旦开始，每年 1 月 1 日，我都会策划一场《回响·开年演讲》。

在举办第一届活动时，我提出的定位与使命是"办好中国最高水准的演讲舞台"，而且特别强调，"我不接受反驳，只接受挑战"。

我之所以敢说出这句话，就是因为每一届的《回响·开年演讲》，我们都会花不输于一期 TED 的精力和演讲嘉宾一起准备内容。

至今，凡是看过我们内容的人，只要是做演讲的，都知道没得比。而我们，一直在等待挑战者。

演讲这件事，不是比谁嗓门高、声音大、名气响，而是要用作品说话的。在我们看来，能够让听众在现场放下手机、专心致志地听完 4 小时的演讲，有感动，有收获，还能在演讲结束后的好多年里都对这次演讲念念不忘，才是真正优秀的演讲。

我现在时不时还会回看 20 多年前 TED 的经典演讲，每次都会钦佩演讲者独特的视角、精彩的案例和严密的逻辑，看完依然能激发出新的想法，可以说是常看常新。

好内容就是要经得起时间的考验。

我不会劝你放下高标准和严要求，就像我不会劝你少挣一点钱、别那么上进一样。

要拜师，就拜顶尖高手；要学艺，就学绝世武功；要做事，就要做惊天动地的大事。

品牌不是第一天就成立的，是经过时间考验留下来的。如果连这点认知和雄心都没有，还谈什么打造个人品牌、打造自己的影响力呢？

重要的事情说三遍：在演讲这件事上，唯一正确的道路就是做好内容。

那么，到底如何做出好内容呢？

这三点很重要：目的明确，结构清晰，故事精彩。

演讲就是一次目的明确的表达

做好演讲要注意的第一件事，是明确演讲目的。

这听起来很简单，其实是个大坑，绝大部分人都会踩进去。

演讲最基础的定义，是一次目的明确的表达。

我们每天都在说话，但并非每一次说话都有目的，也可能是闲聊天，说到哪儿算哪儿，也不一定有什么收获。只要你有想达成的目的，那么不管你的表达是面对一个人还是一群人，都可以将其视为一次演讲。

你可能会说，这件事听起来一点都不难啊，怎么会是坑呢？

我们以聚会举例说明。

你肯定参加过很多聚会，如公司会议、同学会、婚礼、读书会、相亲会、派对等，都算聚会，去听演讲也是参加聚会。

有的聚会让你非常难忘，去了还想去；有的聚会却是一种煎熬，你坐在下面不能走，只能尴尬地玩手机，默默地等待活动结束。

那么，一场有吸引力的聚会和一场糟糕的聚会最大的差别在哪里呢？

最核心的一点是，目的性是否明确。

很多人错把聚会的类别当作目的。比如：

> 读书会的目的是大家一起读一本书；
> 生日聚会是为了给某个人庆祝生日；
> 组织新员工培训是为了培训新员工。

你可能会奇怪，这有什么不对吗？

不对，你仔细看上面的三个例子，只是在字面上说车轱辘话、重复这次聚会的类别，完全没有明确聚会的真正目的。

如果举办一次婚礼，只是为了告诉来宾这个人领证了，那么完全不用投入那么多的时间、精力和金钱，只要新人给来宾发条消息就可以达到这个目的。大家聚在一起，需要一个核心目的来做指挥棒，这既会让来宾觉得难忘，也会让准备工作更轻松。

比如举办婚礼，是为了见证新人青梅竹马的爱情，那么所有与这个目的相关的来宾都要请来，无关的人可以不请，婚礼的现场布置也应围绕这一主题展开。

如果办这场婚礼的目的，是感谢父母的养育之恩，那么亲朋好友和父母辈的朋友都应该请，其他无关的人可以不请。

理解了什么才是聚会的目的，我们重新审视一下刚才列举的三个聚会，你就会发现它们最大的问题在于目的不明确。

读书会的目的，可以是从某本书里找到解决实际问题的办法，也可以是讨论作者的写作技巧；生日聚会的目的，可以是庆祝自己刚谈了恋爱，也可以是感谢过去一年给自己提供帮助的朋友们；组织新员工培训的目的，可以是帮助新员工了解公司的价值观，也可以是告诉新员工公司的规章制度和福利政策。

这才是有吸引力的聚会目的：来的人目的明确，准备的人准备起来有方向。

如果你理解了聚会目的的重要性，那么演讲作为一次聚会，也同样应该有明确的目的。

怎样才算是有明确的目的呢？回顾一下前面我举的几个例子，你发现其中的奥秘了吗？

很简单，明确的目的需要将事件的颗粒度变细。

换句话说，要更加聚焦。

比如，工作中很常见的述职和汇报，很多人做不好，总挨领导批评，就是因为汇报内容的颗粒度不够细、不聚焦。

工作汇报不是目的，目的可能是：通过汇报得到更多的人力和资金上的支持，或者你想要换一个工作岗位。

只有聚焦在一个非常具体的点上，你才知道应该怎么准备其他内容，领导也会明确地知道你到底要表达什么。

我辅导过很多公司的高管甚至 CEO，来找我做工作汇报辅导的都是职位非常高、承担重大项目的高管或者公司的创始人。可是在面对上级或者给董事会做汇报的时候，他们还是会觉得非常痛苦。这背后最关键的问题，就是汇报目的不明确、不聚焦。

看完这篇，当你下次准备一次演讲时，请一定先明确自己要达到的目的，这样你的思路一下子就会清晰，重点也立刻突出了。

明白了目的的重要性和好处，接下来的结构就顺理成章了，因为通常我们表达的目的只有三个：说明、动员和传达理念。

而这三个目的，都可以找到非常简单清晰的结构与之相对应。

三种表达结构

当你理解了演讲的目的只有三个——说明、动员和传达理念，接下来只需要知道，这三个目的各自对应什么结构，往里面填充素材就可以了。

说明型

我们先来讲说明型结构。

顾名思义，说明型演讲的目的就是把一件事说清楚。

这是人们交流的基本需要，你会发现真正能做好的人其实不多。

不妨现在就问问自己，怎样算是把一件事说清楚了？

这里总结一个最简单清晰的公式：

是什么 + 与什么对比 + 有什么意义 = 说明型结构

举个例子。

是什么：孩子这次考试数学考了 80 分。

与什么对比：在全班倒数第一。

有什么意义：之前都考不及格，但这次他取得了很大的进步，我很欣慰。

这就是典型的说明型结构，能够用非常清晰的逻辑把一件事说明白。

无论生活中的简单问题，还是工作中需要解释的问题，甚至是复杂的科学问题，都可以使用这个结构说明。

我们再来看一个例子，尼尔·泰森（Neil Tyson）在《给忙碌者的天体物理学》一书中，为了说明地球有多么渺小，他用了对比手法。

是什么：与太阳系其他星球上的山相比，地球的山其实微不足道。

与什么对比：火星的最高山奥林匹斯山的高度约 2 万米，山底部近 500 千米宽，这让阿拉斯加的麦金利峰看起来像个鼹鼠丘。

有什么意义：宇宙中的恒星比任何海滩上的沙粒还多，比地球形成之后经历的秒数还要多，比曾经生活过的所有人写下的文字和发出的声音还要多。

哪怕是复杂的天体物理学知识，也可以用这个结构讲得明明白白。

这个结构为什么这么神奇呢？

因为这个结构正好构建了一个立体的坐标轴。

如果你把"是什么"理解为一个点，那么这个点只是一个"绝对位置"，无法让人明白，只有通过"与什么对比"，才能知道这个点的相对位置。

就好像说一个人身高 180 厘米并不足以界定这个人算高还是矮：在普通人里算高的，在篮球队里就算矮的。

这就是"与什么对比"如此重要的原因：任何事物都不是互不相干的，我们通过与不同事物进行对比来理解某一事物。就像在中学物理课上学到的，同样的物体在不同的参照系里运动，结果可能完全不同。

有了"绝对位置"和"相对位置"，"有什么意义"构建的是一个更加全面的坐标系，就好像从平面到三维空间，可以进一步阐释这个事物的价值。

还是以"身高 180 厘米"举例。

是什么：肖肖身高 180 厘米。

与什么对比：在校篮球队里，他是最矮的。

有什么意义：他运球低，跑动速度快，是最厉害的后卫。

举了这么多例子，你应该明白说明型结构的威力了吧？

当你觉得自己没说清楚的时候，不妨想一想，自己是否只是停留在"是什么"的层面，没有进一步展开"与什么对比"和"有什么意义"，以此建立立体的坐标系。

以后不妨试着使用一下这个结构，你会发现，无论简单的概念解释、中篇的工作汇报还是长篇的学术论文，说明型结构都足以让你把问题解释得清清楚楚，让人一听就懂！

如果你已经理解说明型结构，就以为此基础，看看第二个常用结构吧。

动员型

动员型结构，就是呼吁别人去做一个具体的动作。不管是让客户下单购买，还是让同事一起完成一个项目，都会用到这个结构。

这个结构的公式是：

现状 + 损益 + 动作 = 动员型结构

如果你经常看直播卖货，那么你会发现优秀的带货主播使用的都是这个动员型结构，把这个结构玩得炉火纯青。我们以直播场景为例展开。

> **现状**：这个牌子的运动鞋全网都断货了，我们好不容易拿到了 100 双，还是最新限量款。
>
> **损益**：今天在直播间下单还能享受 9 折优惠，过了零点就没有了。
>
> **动作**：马上下单吧！手慢就没有了！5、4、3、2、1，上链接！

这套话术是不是很熟悉？

拆解一下，你会发现这就是典型的动员型结构，虽然简单粗暴，但极其好用，从电视购物时代到现在的网络直播时代，一直在用。

动员型结构不只是卖货好用，历史上著名的演讲也会使用这个结构。英国前首相丘吉尔发表的《我们将战斗到底》采用的就是典型的动员型结构。

> **现状**：我们必须非常慎重，不要把这次援救说成是胜利。战争不是靠撤退赢得的。但是，在这次援救中却蕴藏着胜利，这一点应当注意到。

损益： 敌人有一个入侵英伦三岛的计划……德国将向我国或法国发动新的攻势，已成为既定的事实。

动作： 我们决不投降，决不屈服，我们将战斗到底，我们将在法国战斗，我们将在海洋上战斗，我们将充满信心在空中战斗！我们将不惜任何代价保卫本土，我们将在海滩上战斗！在敌人登陆地点作战！在田野和街头作战！在山区作战！我们任何时候都不会投降。

在战争的至暗时刻，丘吉尔需要做的是让战士们振作精神，勇敢地面对敌人，同仇敌忾。这既是一篇成功的演讲，也是 20 世纪世界政治格局的一个重要转折点。这篇演讲的结构，就是动员型。

动员型结构的要点有两个。

要点之一是清楚明白地把损失和收益列举出来，可以只说损失或收益。

在直播带货场景下，主播会把损失和收益都说得非常清楚，等于多了一把推动力。

如果只能说其中一种，那么我建议你讲损失，因为这符合经典的经济学概念——厌恶损失。面对同等的损失和收益，人们会觉得损失带来的痛苦比收益带来的愉快更加强烈，因此更倾向于规避损失而不是争取收益。

另外一个要点，要把"动作"讲得很具体。越清楚的路径，越容易让对方立刻行动。不要说："如果有需求，就联系我们。"而要说："赶快拿起电话拨打 ××××××××。"

减少人们的思考负担，给出简单清晰的指示，能够极大地提升他们行动的可能性。

那么，说明型结构与动员型结构有何关系呢？很简单，动员型结构的第一部分，即"现状"，可以直接使用说明型结构来阐释。

说明型结构与动员型结构是我们最常见也最常用的表达结构，学会这两种结构，你的表达立刻就会提升不止一个档次。

第三个结构很特别，要想成为优秀的领导者，必须学会使用感召型结构。

感召型

传达理念型的演讲常常使用一个更形象的表达结构，我们称它为"感召型结构"。

采用这一结构的目的，在于让对方被某种事物感召。

这一结构的公式是：

不满 + 期待 + 许诺 = 感召型结构

感召型结构与动员型结构的不同之处在于，动员型结构一般呼吁的都是做出一个具体的动作，比如让对方做某件事或者购买某种商品；而采用感召型结构的目的是让对方受到精神层面的感召，从而加入某个团队或支持某种事业。

在我们每年 1 月 1 日举办的《回响·开年演讲》上，华大基因的朱岩梅老师有过一次非常精彩的演讲——"火眼"是怎样炼成的。她从讲述华大人是如何在疫情暴发期间，用极短的时间成功完成大规模核酸检测的研发，并打造"火眼实验室"开始，最终讲到了华大基因的愿景，把感召型结构用得非常漂亮。

不满：2012 年，我在瑞典诺贝尔博物馆的纪念品商店里看到了这把尺子。叫发明之尺。从 1801 年到 2000 年，每一厘米代表一年，一面刻着当年的重大科学发现或技术发明，另一面刻着当年的重大社会、文化事件，一共 200 个。我一厘米一厘米地仔细看过去，前面 199 个，没有一个和中国人有关系。可以这么说，在过去 200 年里，中国在对世界的科学技术贡献上，几乎交了白卷。直到最后一个——2000 年，写着"人类基因组计划接近完成"。

期待：2000 年，既是一个世纪的结束，也是新世纪的开始。诺贝尔博物馆选这一事件作为尺子的结束，是很值得回味的。我想，既是反思过去，也是期待未来。我们期待，中国人可以在下一把尺子上，留下很多很多造福人类和值得骄傲的贡献。

许诺：我相信，华大有机会，让中国带领世界，"消灭"几种病，像过去欧美国家"消灭"天花、"消灭"小儿麻痹症等一样。

华大有一个梦想：

有一天，让地中海贫血的孩子，重拾健康和欢笑。

有一天，让所有的女性远离宫颈癌。

有一天，让结直肠癌中晚期不再发生。

我们想守护每一个人，让人类从"共同富裕"走向"共同健康"。

你可能会觉得，这是伟大的演讲能做到的，但在日常生活中，感召型演讲应该怎么用呢？

其实在日常生活中，你碰到过非常多次这种类型的演讲，尤其是在面对公司领导的时候。

一位领导者如果要让下属提起干劲儿去做某件事，一般水平的领导者会选择奖金激励。但物质奖励、金钱刺激的效果往往持续不了多久，人们总是会很快习惯于自己已经拥有的东西，站在这山望着那山高。

高水平的领导者会选择另外一种方式达成目的，用感召型的演说来感召下属。后者也被称为激励型演讲。

被成功感召的员工，即使没有诱人的物质奖励，也会拼命工作，因为一个吸引人的愿景，远比金钱更能吸引人和激发人的潜能。

因此，一个高水平的领导者，必须学会感召型结构，才能更好地带领团队一起奋斗。

在了解了三个基本的演讲结构后，你不用担心如何搭建一次演讲的基本框架，这三个结构都是"矢量图"。所谓矢量图就是放在电脑里，无论拉大还是缩小，原图中的结构都不会变形。

不管演讲长短，这三个结构是不变的。

你可能会说，短了还好说，如果是长演讲，那么这三个结构要怎么填充呢？

很简单，讲好故事。

不讲道理，讲个故事

我们经常会在网上看到这样的说法："好看的皮囊千篇一律，有趣的灵魂万一里挑一。"

这句话的下一句是："成年人不做选择，两个都要！"

这说明想要好看的皮囊是相对容易的，依靠保养、化妆或者医美等方式便可达成，有趣的灵魂却非常少见，也很难被人为塑造出来，要不然怎么这么多人嚷着要找"有趣的灵魂"呢？

物以稀为贵嘛。

不过，我要告诉你一个非常简单的方法，让你很容易成为一个灵魂有趣又受欢迎的人，那就是学会讲故事。

在这之前，我们先区分一下道理和故事。我们从小到大听了太多的道理，却还是有许多问题。不是因为这些道理没有用，而是因为我们不知道应该怎么去理解和使用这些道理。

换一个视角去理解，这些道理的传达方式有问题：道理是抽象的，而人脑天然对抽象的事物没有感觉，需要借助场景和情节才能理解道理，即通过故事感知。

让我先给你讲三个小故事，你可以体会一下故事与道理之间的差异。

第一个故事来自著名的拳王阿里。[1]

> 1975 年 10 月 1 日，33 岁的阿里与另一位拳坛猛将弗雷泽进行第三次较量，因为前两次战绩一胜一负——弗雷泽赢了第一场，阿里赢了第二场，于是第三场变成了举世闻名的"世纪之战"，两人决定在菲律宾马尼拉决斗。
>
> 比赛打得非常艰苦，到了第 15 回合，阿里和弗雷泽都表示不能再打了，但在大家的劝说下，两人还是决定再打一轮。
>
> 快结束时，阿里觉得自己输了，乔弗雷泽也觉得自己坚持不下去了。
>
> 关键时刻，阿里对教练说："把白毛巾扔出去，我们投降吧。"在拳击比赛中，扔白毛巾代表投降。
>
> 就在阿里的教练准备扔白毛巾的时候，弗雷泽的教练先一秒把弗雷

---

[1] 改编自 2010 年中国画报出版社出版的《故事力》一书，作者海尔。

泽的白毛巾扔了出去，阿里赢得了比赛，登上了拳王的宝座。

这个故事告诉我们一个朴素的道理，坚持到底就是胜利。

第二个故事来自乔布斯。

1995 年，美国知名科技记者罗伯特·科林利（Robert Cringley）制作的《书呆子的胜利》节目采访乔布斯。在访谈中，乔布斯讲了一个光滑石头的故事。

"光滑的石头是磨出来的。"

每次（新产品计划）刚开始的时候，我们都有很多很棒的想法，团队对他们的想法深信不疑。这一刻，我总会想起自己小时候的一幕。

街上有个独居的男人，他已经 80 岁了。我接近他，想让他雇我帮他除草。有一天，他说："到我的车库来，我有东西给你看。"他拉出老旧的磨石机，架子上只有一个马达、咖啡罐和连接二者的皮带。接着我们到后院捡了一些石头，一些很普通、很不起眼的石头。我们把石头丢进罐里，倒点溶剂，加点粗砂粉。之后，他盖上盖子，开动电机对我说："明天再来看看。"第二天回到车库，我们打开罐子，看到了打磨得异常圆润的石头！

本来只是寻常的石头，经由互相摩擦，互相砥砺，发出些许噪声，变成美丽光滑的石头。

在我心里，这个比喻最能代表一个竭尽全力工作的团队。集合一群才华横溢的伙伴，通过辩论、对抗、争吵、合作、互相打磨，磨砺彼此的想法，最终才能创造出美丽的"石头"。

据说，乔布斯特别爱给团队讲这个故事，并常以此告诉员工，你们都是优秀的人，所以不要害怕摩擦，只有碰撞摩擦，才能从普通的石头变成晶莹漂亮的石头，好的想法和创意才能产生。

最后一个故事，是客户问我"为什么你的教练辅导收费这么贵"的时候，我会和他们讲的一个故事。

一天中午，一位白领在纽约中央公园吃午餐，看见边上有个街头画家在画画，画得很不错。于是，他问画家："你能给我画张肖像吗？"那位画家说："好，没问题。"他大笔一挥，用了5分钟就画了一张惟妙惟肖、特别好看的素描。白领很高兴，问画家："多少钱？"画家说："100美元。"白领很生气，他掏出钱说："我不是掏不起这个钱，但是你记住，你画这张画只用了5分钟。"那个画家接过钱，很有礼貌地鞠了一躬说："先生，纠正您一下，我画这张画，总共耗时15年3个月6天零5分钟。"

故事讲完了，这个故事要说明什么？答案是请尊重专业。

如果你随便找一个人画一张像，确实便宜，但绝不可能在这么短的时间里画得惟妙惟肖。画画本身看起来只花了 5 分钟，但画家之前的积累要足够深厚，才能这么快达成客户的需求。

这个故事，我觉得对很多专业技术人员都有用，在你要向别人解释你的工作价值时，就可以讲这个故事。

故事讲完了，你可能会觉得这是三个好故事，很有趣，也很有说服力。那么，我来问你一个问题，假设我们把顺序换一下，先讲道理，再讲故事呢？

效果恐怕就会天差地别了。

其实哪怕只讲好这三个故事，不讲任何道理，听的人也会觉得津津有味。

故事中蕴含道理，而道理中是不会有故事的。

可以说，故事是人类传递信息最古老也最有效的载体。

几万年来，人类大脑处理信息的方式并没有什么区别，都是喜欢具体的，讨厌抽象的。

道理是抽象的，故事是具体的。因此，我们都喜欢讲好故事的人，不喜欢开口就讲大道理的家伙。

道理是空的，

如果不放在

具体的场景里，

就没有价值。

你看，要拥有有趣的灵魂，会讲故事是不是最简洁、有效的方式？

人类对于故事的渴望是刻在基因里的。

通过故事，我们完成了对历史和文化的传承，完成了知识和教育的传递。故事里包含着古老的人类记忆，故事是人类传递信息最古老也最有效的载体。

现代人的大脑处理信息的方式与我们的祖先并没有什么太大的区别，我们都爱听故事，不爱听道理。

我们都知道一个说法叫"以理服人"。其实，这个说法其实不准确，你会发现从小到大我们学的好多道理并非唯一，是有场景和情境的。

> 有人说"万般皆下品，唯有读书高"，就有人说"读万卷书，不如行万里路"。
> 有人说"宁为玉碎，不为瓦全"，就有人说"好汉不吃眼前亏"。
> 有人说"浪子回头金不换"，就有人说"开弓没有回头箭"。

这便是为什么只要讲道理，总有人会和你抬杠，杠上三天三夜也分不出胜负。道理是空的，如果不放在具体的场景里，就没有价值。

讲道理是说服不了别人的，因为一个正确的道理的反面是什么？不是错误的道理，而是另一个正确的道理，因为错误的东西不会成为道理。

真正有说服力的，是故事。

小孩子经常会说一句话："给我讲个故事吧！"

你几乎不会听到哪个孩子说："爸爸，再给我讲个道理！不讲我睡不着。"

小孩子爱听故事，难道成年人就爱听道理吗？

现在无论看网络小说、电影，还是刷短视频、影视作品解说，大家爱听、爱看的都是故事，而不是大道理。

商学院里的案例教学，也是讲故事——讲一个成功或失败的商业故事，然后从中得出一个结论，这样的教学效果会更好。

要做有吸引力的分享和演讲，有足够多的好故事几乎是决定性因素。

那么，如何才能讲出好故事呢？

好故事的三个模板

每个人都有能力讲出好故事，因为每个人的生活里都充满了故事，首先是从别人那里听来的故事，其次是发生在熟悉的人身上的故事，最好的就是自己经历的故事。

采访别人的时候，我通常听到被采访人的第一个回答是："我的生活很平淡，没有什么故事可以讲。"但在受到启发和素材挖掘后，每个人都能讲出属于自己的好故事，而且非常精彩，毕竟每个人都真真切切地生活着。读书时的快乐回忆、第一次心动时的紧张局促、进入社会后碰到的冲突压力，这些都是故事的好素材。

我经常会引用伟大雕塑家米开朗琪罗的一句话对此加以总结："其实这形体本来就存在于大理石之中，我只是把不需要的部分去掉而已。"

同样地，我们的生活里有无数的好故事可以讲。只是日常生活的琐碎给这些故事蒙上了灰尘，使故事变得不易被发现，就连我们自己都没有意识到它的存在。但只要你肯挖掘，就能找到，并让它呈现出来。

这里，我介绍三个非常好的故事模板，帮助你挖掘和提炼好故事。它们分别是**挑战类故事、连接类故事和创造类故事**。

这是由美国知名作家希思兄弟归纳提炼的故事模板，是最容易挖掘同时也是讲述效果最好的故事模板。用好它们可以让每个人都有话可说、有故事可讲。

下面我们分别看看这三种故事模板。

挑战类故事的关键在于战胜了困难和敌人。困难越巨大，敌人越可怕，战胜的过程越曲折，故事的张力和戏剧性就越强。

比如漫威的超级英雄电影，无论钢铁侠、蜘蛛侠还是美国队长，都是在和反派作斗争，一旦反派很弱，故事就会变得索然无味，只有灭霸这样强大到看似不可战胜的大反派才会让人看得热血沸腾。

这种类型的故事其实非常常见，美国的星球大战系列，中国的武侠小说，无论金庸的"飞雪连天射白鹿，笑书神侠倚碧鸳"，还是古龙的《小李飞刀》、温瑞安的《四大名捕》，都是挑战类故事。

周星驰的电影之所以广受喜欢，也是因为他在电影中讲了很多小人物逆袭的故事，从《大话西游》到《少林足球》再到《功夫》，主角都是默默无闻的普通人，却要挑战强大到看似无法战胜的敌人，即使是

《食神》《济公》这样的电影，也要先把"神仙"从仙班一脚踢到人间，让他们一切归零，从头开始，这样我们自然会关心他们是如何战胜困难的。

许多网络热文的逻辑，也是主角从弱小到强大，最终战胜可怕的对手。

我们在生活中一定遇到过让我们觉得难以应对的人和事，我们也有从无力到发力再到成功的经验，比如你原来成绩垫底，如何通过自己的努力逆袭成功；比如一个非常困难的项目，没有任何人认为能够做成，你却通过自己的努力做到了别人觉得不可思议的程度；再比如你工作忙、事情多，要坚持学习是个大挑战，可是你依然挤出时间读书，在几年的时间里读完了大量图书，还写了不少读书笔记。这样的生活经验就是挑战类故事最好的素材。

第二类是**连接类故事**，讲的是两个差距非常大的人如何最终走到一起。

影史上的经典《泰坦尼克号》讲的是穷小子和贵族小姐如何相爱的故事，他们的阶层差距很大，我们想看他们是如何跨越这道障碍的。莎士比亚在《罗密欧与朱丽叶》中讲的是凯普莱特家的女儿朱丽叶和蒙太古家的小伙罗密欧相爱的故事，他们的家族是世仇，我们想看的是他们如何在敌对的环境中克服困难的。

这样的故事还包括《梁山伯与祝英台》《西游记》等经典著作，以及好莱坞经典科幻电影《ET 外星人》、卡梅隆导演的电影《阿凡达》等。

所有这些故事的本质，都是环境和身份带来了巨大的对立和差距，要由主角们来克服。

我们在生活中也经常看到这样的例子，读书时总是发生好学生喜欢上了坏小子的故事，工作中老员工和新人需要时间来了解彼此才能达成共识。在这类故事里，两人的差异恰恰是他们彼此吸引的理由，他们最终能够走到一起，也是让人觉得最美好的地方。

第三类叫作**创造类故事**，讲的是故事主体通过智慧解决难题、取得成功。

不管是牛顿被苹果砸到脑袋想到万有引力存在的故事，还是只通过看似平常的线索就能抽丝剥茧地找到犯罪嫌疑人的神探福尔摩斯，尽管他们都是虚构故事中的人物，但丝毫不妨碍他们的智慧和洞见被人喜爱和传颂。

我们喜欢看到他人在没有出路的困局里把智慧当作火把照亮道路并走出迷宫的故事。

再说一个真实的事情：美国的一家公司有个传统，鼓励员工利用

15%~20% 的工作时间去做自己想做的事情，搞发明创作。有位员工发明了一款粘不住东西的胶水。你会觉得这算什么发明？胶水不就是用来粘东西的吗？粘不住东西的胶水能用来干什么呢？

直到后来他们找到了应用场景，生产出了便利贴。人们不希望便利贴粘上去撕不下来，于是这款粘不住东西的胶水反而有了用武之地，便利贴也成为"20 世纪全球创意产品"。这家公司就是驰名全球的 3M 公司。

这就是用智慧点亮生活的创见。

不只是伟大的智慧，只要我们在生活里解决过让别人觉得无计可施的难题，不遵循常规思路，提出过有意思且可行的想法，我们就可以成为创造类故事的原型。

这三种类型的故事模板——挑战类、连接类和创造类，是我们最容易挖掘出好故事的路径，同时它们也可以彼此融合，一个故事里既可以有强大的敌人和困境，也可以有彼此认同走到一起的伙伴，以及用以取得成功的非常智慧。

这三种故事的融合，已经非常接近好莱坞电影经典的"英雄之旅"的故事模式了。如果你能用好这三种故事模板，你也能创造出属于自己的"英雄之旅"故事。

"童话般的开始""冲突"和"幼儿园测试"

如果你觉得用三个故事模板作为工具，对你的要求还是太高了，想要一个简单的方式开始，那么还有一个方法——童话般的开始。

一般童话故事的开头是这样的：

> 很久很久以前，在一个遥远的王国，住着这样一群人……

看起来很套路的开头，其实构建的是一个完整的故事背景，交代了时间、地点和人物。

遵循这样的思路，我们可以把讲故事变成一个启发式填空题，因为一般人讲故事，最难的就是找到背景和细节，我们不妨以自己经历过的重大事件为启发，构建一个背景，比如：

> 2022 年冬奥会开幕式的时候，你在哪儿？和谁在一起？你们在做

什么？

你高考前的一个晚上在哪儿？你在做什么？有什么样的感受？

你第一次失恋是在什么时候？为什么失恋？你是如何度过的？

…………

你会发现，这就是"童话般的开始"，一旦有了这个开始，记忆的闸门就会开始松动，你的经历也会水到渠成地开始流淌，最终变成一条满是故事的河流。

知道如何挖掘故事后，怎样才能增强一个故事的吸引力呢？

按照"童话般的开始"的模板，我经常会这么举例：

> "很久很久以前，在一个幸福的王国里，有一位慈祥的国王和一位美丽的皇后，皇后怀孕了，孩子却不是国王的……"

不要笑，你发现了吗？故事开始了，这一句话，不但时间、地点和人物都有了，还构建好了"冲突"。

而"冲突"才是一个故事的真正核心，我们之所以会认真听一个故事，是因为我们会关心故事里的冲突是如何被解决的。

"冲突"可以分为三个层次：外部冲突、内心冲突和道德冲突。

简单来说，外部冲突就是环境背景的障碍，杰克和罗丝要克服的外部冲突，除了阶层的差距，还包括即将在深夜里沉入冰海的泰坦尼克号。

道德冲突指的是，面对道德选择困境时，我们是不是正确的，是否在坚持做正确的事。几乎所有人都是发自内心地想做一个好人，在电影《肖申克的救赎》里，被冤枉入狱的银行家安迪，不管监狱环境如何黑暗，无论其他囚犯和狱长多么可怕、贪婪，他始终坚信自己的清白，也没有放弃对自由的向往。我们愿意做一个好人，而不是做一个彻头彻尾的坏蛋，这符合道德标准和朴实的价值观。

外部冲突和道德冲突处理起来是相对简单的，最难处理的其实是内心冲突。绝大多数人面对的内心冲突都是一样的，即"我是否真的能做到"。

在面对巨大的挑战以及看似不可战胜的敌人时，人们相信自己是正确的，道德冲突被解决，我们想办法、找资源来克服外部环境带来的冲突。但最大的问题恰恰来自我们内心的不自信。不管是钢铁侠还是蜘蛛侠，哪怕是超级英雄也会面临自己内心的冲突，这是"神化人物身上的人性"；而对普通人而言，能够战胜自己内心的怀疑和不自信，获得勇气去挑战困难，展现的恰恰是"凡人身上的神性"。

当你知道如何通过外部冲突、内心冲突和道德冲突打造一个吸引人的故事内核的时候，还有一个小工具可以帮助你检验这个故事是否有魅力、吸引人，这就是"幼儿园测试"——你不妨尝试给小朋友讲讲你的故事。

小朋友是这个世界上最不给面子的"生物"，你讲的故事如果无聊、没有意思，小朋友才不管你是谁，如果得不到认同，他转身就不理你了，你还对他无计可施。

换句话说，你在小朋友那里能得到最真实的反馈。

如果一个故事，小朋友都听得津津有味，你放心，成人肯定喜欢听。

世界上最性感的三个字是"然后呢"。

当你讲到一半停下来了，小朋友问你"然后呢"，就说明这个故事他听进去了，他想知道结果，这个故事就是成功的。

反过来还有三个字是最糟糕的："没了吧"。

这说明听众已经很不耐烦了，这个故事是失败的。

下次，不妨尝试着用"童话般的开始""冲突"和"幼儿园测试"这三个工具，来检验一下你的故事的吸引力。

为什么别讲笑话

我经常遇到有人咨询"笑话"的问题。比如，我怎么才能在演讲里让大家笑出来？有没有好的段子和笑话可以给我用用？有时还会收到这样的电话："马老师，我马上要演讲了，快给我一个笑话，让我应应急！"

我自己也陷入过这样的误区，在学习演讲的过程中，不少的演讲培训和视频教学里，都会告诉我们要让观众笑，教我们讲笑话的技巧，说这样能够让现场的气氛更加融洽，也能帮助我们放松紧张情绪，更好地进入状态。

为此，我看了不少笑话集，还模仿过相声和脱口秀里的一些桥段，但效果都不好。

我不得不承认，自己并不是一个有幽默感、善于讲段子的人。这就造成了我试图让观众哄堂大笑的努力，大都变成了自取其辱的尴尬。

最终，我放弃了让观众笑出来的尝试。

有意思的是，当我放弃让观众笑出来这件事之后，我的演讲水平一下子上了一个台阶，不但反馈变好了，现场的笑声也越来越多了，我对上台这件事的自信也增强了。

这是为什么呢？

在认真思考总结后，我意识到，想让观众笑出来这件事的出发点是错的。

流传至今的经典而伟大的演讲中，没有一个演讲者是在现场讲笑话逗听众开心的，听众也没有哄堂大笑。

我们去电影院看电影是为了获得娱乐，但我们能选择的，有紧张刺激的动作片，有缠绵悱恻的爱情片，有让人深入思考的剧情片，也有脑洞大开的科幻片。喜剧片只是其中的一种选择。

观众的需求多种多样，我们为听众提供价值的方式也是多种多样的，而在演讲中，选择讲笑话逗听众笑，反而是成本非常高、弊大于利的一种方式。

首先，你会浪费宝贵的开场时间，开场时间本应用来构建自己的身份势能，引发听众的共鸣。比起一个冗长且与主题无关的笑话，用疑问、场景和观众真正关心的事情开场，都是更好的选择。

其次，大多数人并不会讲笑话，也没什么幽默感。我就是这样的人，我在现场讲过很多不好笑的笑话或者平庸的段子，听众听完后无动于衷，只是很同情地看着我。这样的场面非常尴尬，我宁可去死，也不想再经历这样的事情了。

即使是有意思的话，换个人讲，效果也可能截然不同。郭德纲的一句话能把全场逗得哄堂大笑，一模一样的话如果我来讲，可能换来的就是一片死寂。我猜你可能也经历过这样的情景：以为自己憋了一个搞笑的"大招"，结果连一点水花都没有激起来，还得强颜欢笑继续下去。如果你讲段子时，真的没有人笑，现场会多么尴尬？你接下来的演讲是否继续？

假如你说："我就是有本事把段子讲好，天生自带喜感，能让听众笑喷，这也不可以吗？"

我会回答你："不是不可以，是这么做没有意义。"

如今，没有人缺娱乐。从线上的综艺节目、手机里的短视频到线下的相声或脱口秀，听众的选择非常多，但他们来听你的演讲，一定不是为了解闷、找乐子。当你精心准备的段子让他们笑出来了，接下来他们会期待更多。当你无法满足这种期待时，他们对你的评价会变低。我们何必在一开始给自己一个这么沉重的思想包袱，把演讲变成一场高开低走的溃败呢？

在演讲时，我们不必试图展现自己的幽默。这么做的负担和风险都太大了，相当于一个人明明只需要在室内练习攀岩，结果非逼着自己马上徒手攀爬珠穆朗玛峰。

演讲者最应该做的，是踏踏实实地把内容准备好，输出足够多的信息和干货，给听众带来认知上的价值，而不是以逗笑观众为目的。

我必须再次强调，演讲的目的有很多，唯独没有一种目的是"逗听众开心"，那是喜剧演员做的事，不是演讲者应该考虑的。

其实在演讲中，你真正需要的，并不是笑声，而是听众的注意力。

笑声并不能证明一场演讲的水准和质量，听众笑了，能说明的只有一件事——他们在听。

所以比讲笑话更好的选择，是讲有笑点的内容。

二者有什么区别呢？

笑话需要起承转合，做大量的铺垫，最后给出包袱（punchline），而有笑点的内容不用。

有笑点的内容可能是在演讲过程中所用的一个有意思的说法、一个令人印象深刻的表达、一句有趣的类比，或者某种失衡的、出其不意的表达，有笑点的内容往往效果很好，演讲者却没有负担，甚至听众都没有预料到当中会有好玩的地方。

让人笑这种事，总是在让人意想不到的时候发生效果最好。

举个我们设计的例子。

在得到高研院一次 3000 人规模的开学典礼上，我辅导的一个学员赖升，他演讲的主题是"好想法难落地怎么办"，讲的是身为产品经理的他设计出一个爆款电动螺丝刀的过程。其中讲道，供应商都认为复杂的电动结构没有办法塞进一个小小的手柄里。在稿子里，我给他进行了一个语言设计：

"老子手捏一个给你们看！"

一开始，赖升有点犹豫，问现场说土话会不会不太好？

我对他说："这个点你一定要这么说，因为能体现你当时坚定的决心，情绪是到位的，哪怕是土话也没关系，并且要配上动作。"为此，我也帮他反复排练过说这句话的语气，最终这是全场笑声最大也被人记得最牢的段落。

你看，这就是"好笑的内容"与"笑话"的区别。

笑话需要从无到有塑造场景，否则无法带着听众进入情节。而演讲天然就是在一个场景和一条故事线上，根本不需要节外生枝地插入某个不相干的情节硬搞笑，从这点上说，好笑的内容的本质是笑话里的画龙点睛之语。

如果到这里，你还是有点犹豫，那么我再来告诉你一位前辈高人的说法吧。全世界迄今为止销量最好的演讲教材，是被誉为"演讲全球第一书"的《公共演讲的艺术》，它是全美国高校的首选演讲教材，出版以来已经销售近千万册。

作为这本传奇演讲教材第 13 版的中文译者，我可以直接从《公共演讲的艺术》的作者史蒂芬·卢卡斯教授的文字中摘录一小段来告诉你，他对演讲时是否需要讲笑话这个问题的看法。

"但像其他任何事情一样，幽默只有在做得好的时候才有效。它应该从演讲内容中自然流露出来，而不是矫揉造作的。如果你通常不是一个有趣的人，你最好进行一场真诚的、热情的演讲，而不要讲笑话。"

因此，我劝你别讲笑话，不妨多讲些好笑的内容吧。

讲者时间与听者时间

不知道你有没有见过这样的演讲者：在台上口沫横飞地说个不停，越说越快，越说越快，最后让人感觉他已经上气不接下气了。

作为听众，你坐在下面是什么感受？

你或许会疑惑：他为什么说得这么快？

又或者会想：我都还没消化完上一句话，他把下一句已经说完了。

你会不会觉得他太紧张了？

让我们转换一个视角，假如你此刻是演讲者，你特别担心台下的听众不喜欢你的演讲，结果你发现自己讲完一段果然听众毫无反应，你觉得可能是听众觉得这段没意思，于是你开始快马加鞭地接着讲。

但是，你发现节奏越快，听众的表情就越冷漠，甚至有人开始掏出手机了。你急得头上冒汗，再次提速，都快要喘不上气来了，但你明显地感觉到听众离你越来越远了。

你知道这次演讲失败了。

这是同时发生在一场演讲里的两种心理反应，这背后其实藏着一个很多演讲者不知道的秘密——演讲者的时钟比听众的时钟快！

换句话说，站在台上演讲的那个人，总感觉自己讲得太慢了，可对听众来说，其实演讲者讲得太快了，演讲者对时间的感受和听众对时间的感受存在时差，按照我的经验，差不多会相差 3 倍。这也就意味着，当演讲者以为自己讲了 3 分钟的时候，其实时间有可能只过去了 1 分钟。

《围城》中描述了这样一个场景：方鸿渐第一次上台讲课，准备了 1 小时的课程结果不到 40 分钟就讲完了，之后只能尴尬地让学生自习。

这并不是偶然意外，而是普遍现象。

我自己意识到这件事，来自第一次讲脱口秀的经历。

我尝试过挑战开放麦（open mic）。这是一种脱口秀演员用来练段子的形式，观众无须付费，现场不保证演出质量，不能录音也不能录像，时长一般只有 5 分钟。

几乎所有的脱口秀新人，都是从开放麦开始接触舞台的。

之所以会上台讲脱口秀，并不是因为我觉得自己有天赋，而是因为这件事对我很有挑战性。

我从小就不是个有幽默感、能逗别人笑的人，平时的工作，无论写作还是演讲，都不需要刻意搞笑。恰恰因为这样，上台讲开放麦完全在我的舒适圈之外，对我来说，这是完成自身突破的重要途径，我就想试试看。

另外，我想借着这个机会从喜剧的表演中学点新东西，将它代入演讲领域，从而获得更多的灵感和提升。

那么，感受如何？因为有丰富的演讲经验打底，我并没有预想中的紧张、慌乱，但讲完后，观众也几乎没有笑。

复盘原因，主要是我的稿子写得太长了。我一口气写了 10 分钟的稿子，并试图压缩到 5 分钟，后果就是，内容太满。我问了现场参加开放麦的朋友们，他们都说我 5 分钟的稿子里信息量太大、内容太多太密了，以至于观众跟不上我的节奏，还没反应过来上一个笑点，下一个梗又出来了。

我在台上的感受却是：我讲得太慢了。

就在这时，我突然意识到，演讲者的时钟比听者的时钟快！

我们经常听喜剧演员讲一个词——节奏。喜剧里的一个梗，早出半秒和晚出半秒，可能都会错过笑点。优秀的喜剧演员只有不断演出、不停试错，才能找到"节奏"。

而我理解的节奏，就是能够预料到听众的反应，在恰到好处的时间给出正确的信息。

与此相对应，内容传达并不是越多越好，也不是越密越好，高强度的信息轰炸，只会让听众疲劳。优秀的演讲者与喜剧演员一样，要会留白，而在台上的留白表现为敢于停顿。

从文字准备上讲，正常人的语速，是每分钟讲 220~250 字，如果你有 5 分钟的演讲时间，总文字量不应该超过 1200 字，如果超了，你肯定讲不完。更好的选择，是将总字数压缩到 1000 字以内，也就是只准备 4 分钟的演讲稿，不要撑满 5 分钟。

这样你才会有时间从容地娓娓道来，而不会着急把内容赶紧讲完，也不会像赶集一样，最终累得上气不接下气。

你自己都不舒服，听众不可能舒服。所以请一定记住，演讲者的时钟比听众的时钟快，当你以为过了 3 秒的时候，对听众来说只过了 1 秒，很多时候听众不是不给反应，而是他们还来不及做出反应。

你需要通过不断的实践练习，放慢语速，找到节奏，最终让自己的时钟与听众的时钟同步。

"重复"是一种强大的能力

你喜欢做重复的事吗？

我先回答，我不喜欢，甚至可以说是害怕重复。

我们都喜欢新鲜、有趣、刺激的事情，不喜欢做枯燥且反反复复的事情，这是大部分人的习惯。

但是，要想获得强大的能力，偏偏要逆着习惯来。

在演讲这件事上，尤其如此。

在训练学员时，我经常会花很多时间说服学员接受一件事：反复练习自己的演讲稿。

在我看来，能够忍受重复，何止是一种了不起的能力，简直是一种核心竞争力。

如果你做好了忍受重复这件事，不仅会成为非常优秀的演讲者，甚至能够成为优秀的领导者。

先从演讲的层面说起吧。

我们为什么不喜欢重复，一件事说多了我们会烦，即使我们不烦，我们也害怕听众听多了会烦？

不知道你想过没有，如果听众烦了，意味着什么呢？意味着这条信息他已经完全接收到了，不是吗？

我们花时间准备一次演讲，精心设计一个创意的最终目的是什么？是为了让它更好地传达信息，被人记住！

大部分人一定记得那个经常被人嘲笑的"脑白金"广告："今年过节不收礼，收礼只收脑白金。"

你会觉得，这太简单粗暴了！毫无技术含量！

但这其实是一条很厉害的广告，当你站在超市的货架前，踌躇着应该买什么礼物送人的时候，脑白金就会成为你的第一选项，因为它被重复了足够多遍。对收礼的人来说，它让人们明确知道这是一份礼品，甚至还知道了它的价格。这大大节约了沟通成本。

广告的根本目的，并不是做得好看、做得炫酷、拍得精彩，得个大奖，而是为了让消费者记住某件商品从而驱动销售。

同样地，演讲的舞台再华丽，如果演讲结束后听众什么也不记得，那么就跟没讲一样。

再强调一遍，听众把某个你想传达的信息听烦了，未必是一件坏事。

重要的事情说三遍，重要的演讲值得准备三百遍！

我们更害怕的，其实是自己面对重复。

我要告诉你的是，我所认识的很多优秀人物，尽管各有所长，但往往都有一个共通点：能够忍受一般人无法忍受的不断重复。

在演讲这件事上也不例外。

我们先来看看新手和小白是怎么做的。

以舞台剧或脱口秀演员为例，排练不到位的业余演员经常会自我催眠："没事，现在不好，到了晚上正式演出时一切都会好起来。"

遗憾的是，这样的事情从未发生。

越是准备得不充分，上台就越紧张，结果就越糟糕，这简直像是一个被诅咒的恶性循环，还会导致演员对自己的评价越来越低，甚至得出结论——我不是这块料！对不起，我不配！

错了！我们常说要想取得成功，就要努力，但是到底该怎么努力呢？

最简单的方式，就是重复！

对一个舞台剧或脱口秀演员来说，训练量不够，靠天赋和才华是不可能成功的。正式上台前，只有将讲稿中的桥段和笑话在排练时重复训练到成为肌肉记忆，演员才有可能在上台时有优异的表现。

注意，仅仅是"有可能"，不是一定会有优异的表现！上台后，演员还要对抗自身的紧张情绪、乱七八糟的私心杂念、现场的突发情况，以及观众的意外反应。

大量的重复练习，仅仅能保证你达到及格线而已。

可是，大多数人的演讲却是类似的情况：不写稿，上台后随便讲；让别人替写稿子，自己随便念念交差；重要场合准备了稿子，排练却不到位。

这些还算好的，还有一些人压根就不准备！

不少人都会觉得，不就是讲话吗，谁不会呢？

但恰恰是谁都会的东西，想要做得比别人更好就更难。

很多演讲者都是不到最后一刻不会努力准备演讲的，用句俗话来形容："不见棺材不掉泪，见到棺材直接躺平了。"

演讲本来是非常有效的交流和说服手段，结果却变成一场让彼此都尴尬的折磨，听众只想让台上的演讲者早点结束，好停止对自己的折磨；台上的演讲者更煎熬，只想着早点结束，好停止自我折磨。

你可能听过 2/8 法则，又称帕累托法则，80% 的人不会做简单而正确的事，只有 20% 的人才会；其中又只有 20% 的人会把正确的事坚持做下去。

这条法则在演讲这件事同样有效，即大部分演讲者都准备得很糟糕。不过换个角度想，这也可能是好事。这意味着，只要你认真准备一下演讲，就已经超过 80% 的演讲者。从我多年的工作实践看，演讲这件事，入门简单、精通难。精通难的根本原因在于，大部分人都不知道要怎么准备演讲。这"大部分"甚至比 80% 这个比例更高。如果你不但认真准备了，还愿意刻意反复地练习，那么你会很容易成为前 20%的优秀演讲者。

中国有个成语，叫"人一己百"，意思是，别人一次就能做好或者学会的事，自己不妨做上一百次。换句话说，不妨以百倍的努力来追赶他人。

道理不难懂，却极难实践。

在这一点上做得非常好的一群人，是美国的政治家。

在英语里，有个词叫 stump speech，直译是"树桩演讲"，其实就是

"政治演说"。

在广播、电视和互联网这样的技术手段出现之前，美国的政治家们要想竞选总统，就要亲自"跑"遍全美，宣传自己的政治理念，哪怕是腿脚不方便、坐在轮椅上罗斯福总统也不例外。每当火车把政治家们拉到一个新的地方，他们就跳到被砍掉了树干的树桩上，发表一篇慷慨激昂的演说，有些人因为时间太过仓促，甚至只能站在火车车顶上，但无一例外，他们的每次演讲都饱含激情，鼓舞着民众，获得了众多选票。

你可能不知道的是，其实他们每次演讲的内容都一样。

如果你有机会与美国的政客待上一段时间，你就会发现，让你第一次听时觉得如沐春风、激情澎湃的演讲，他们每次都讲，不厌其烦地不断重复相同的信息、相同的话语。

顶级政治家的厉害之处，有一点像话剧演员，他们能把同样的东西每次都激情饱满地像第一次一样讲出来。

优秀的话剧演员要把一个剧目演上成百上千次，才能建立自己的专业地位。优秀的政治家，也要把同样的话语重复成百上千次，才有可能被人记住。

我自己实践"重复"这件事，一开始是被迫的。

在新东方教书时，遇到暑假班课程特别密集的情况，我有时候一天中要把同样的课程讲四遍，讲到自己都想吐。这让我一度产生了自我怀疑，觉得自己好像一台"人肉复读机"！我时常想，这样的日子有什么意思呢？

后来我渐渐发现，通过不断重复地讲同样的课程，我对教的东西掌握得更透了，对课堂上同学们的问题更有把握了。甚至有一次因为暑假班工作太累了，我讲着讲着在课堂上分神了，有那么几秒，我的大脑或许已经停摆了，可我的嘴却没有停下来，还在继续讲课，而且我讲出来的信息异常连贯。因为重复讲了太多次，它们已经成了我的"肌肉记忆"。待我反应过来，猛然清醒，并没有学生发现我刚才分神了。

长时间的训练加有效重复，让我在自己教的科目上名气越来越大，有同学报名时，会专门要求进入我带的班级学习。由此可见，重复这件事认真地做下去，收益远大于付出，你唯一需要克服的，是自己的不耐烦，并努力保持对重复的热情。

当你真的做到了"人一己百"，结果将是，你不必再追赶他人，而是成为他人追赶的对象，因为你已经形成了相对于他人的绝对优势。

我将研究政治领域演说获得的心得也应用在演讲准备上。碰到特别重要的场合，我自己不但会提前写稿，反复改稿，手抄稿件，还会反反复复地讲，对着朋友、同事、家人讲，在心里一遍遍地默讲，在头脑里做训练。

这样做的确非常有效。我的自信和演讲风格就来自这样的重复练习。

之后在训练学员上台的时候，我把这套理念应用了起来，不用再与辅导对象做特别的心理建设，只需要带着他们一遍遍地扎实训练，功夫到了，一力降十会。

也是得益于重复，我训练出来的演讲者，上台之后的自信和从容是由内而外的，根本不需要太多的技巧。

其实除了演讲，在平时沟通中，如果你是一位管理者，也要学会不断地重复、重复再重复。

你可能会认为：重复相同的内容是无能的表现，如果能找到新的方式，用完全不同的风格和内容传达信息，是一种智慧的体现。

其实不是这样的，这是一种特别以自我为中心思考的思路：你假设自己扮演的是全知全能的"君王"，每次开口都一言九鼎，还有"大臣"会专门负责记录，因此你只要说一遍就够了。

硅谷的知名 CEO 教练比尔·坎贝尔（苹果公司创始人乔布斯、谷歌公司执行董事长埃里克·施密特、Facebook 前首席运营官雪莉·桑德伯格的管理教练），这样认为：重复并不会破坏沟通的效果，反而是管理工作的重要组成部分。

永远不要以为你只讲一遍，听的人就应该深刻领会并且永远铭记，哪

要想变强大，

就要不断重复。

怕抄在了笔记本上，你也要理解人们有多么健忘，更何况还存在精神不集中、情绪干扰、传达损耗等多种情况，这些往往使得自己精心准备的信息无法给听的人留下深刻的印象，所以别太相信自己的威信了，要相信常识。即使你已经清楚地传达了工作信息，也要确保重复多次，好让听的人真正明白。

哪怕你是公司的 CEO，你说了一件重要的事情，其实大多数人都是左耳进右耳出的，你第二次说这件事情的时候，也许有少数人会开始注意，只有当你把这件事情说到第三次以上甚至重复更多次的时候，人们才会记住你的话。

就算你真的是一言九鼎的"君王"，也别忘了，你的话语之所以能被人记住，也是因为有人在帮你反复传播、不断强化。

重复同样的内容并不是一件丢脸的事情，有句话是这么说的："如果你能把一件事情重复说上 10 遍，人们都会记住；等你说了 100 遍，人们会开始相信你所说的话。"

那么，重复 1000 遍呢？

演讲大师卡耐基说过一句著名的话："为了被记住，就要不断重复。"

我们不妨稍微改动一下这句话："要想变强大，就要不断重复。"

即兴演讲的秘密

所有与演讲有关的话题里，一定逃不过去的，就是即兴演讲。这也是我经常被人问到的话题，问及频率仅次于如何学好英语。

是啊，看着一个人在毫无准备的情况下，走上讲台，口若悬河、滔滔不绝。这仿佛在见证一次神迹，让人羡慕不已。天哪！他是怎么做到思路清晰、旁征博引还处变不惊的，他多么优秀啊！我也能这样该多好啊！

我要告诉你的是，即兴演讲比有准备的演讲难得多。

你可能知道一个说法，虽然很多人羡慕自由职业者，但很多人不敢轻易尝试。相比每天朝九晚五地打卡上班，自由职业者需要具备更强大的自律性，因此更难，大多数人并不适合。

从这个角度讲，你也可以理解即兴演讲的困难，没有准备时间，素材在哪里？应该怎么组织内容？怎么开头才能吸引人？结尾要怎么收得漂亮？如何才能在整个过程里思路清晰、逻辑连贯？

如果一件事复杂到你要考虑到这么多的方面，而且基本上毫无把握，这就意味着，你很难做好这件事。

我想对你说的是，即兴演讲其实是长期准备的一种结果。长期准备是因，即兴演讲是果，二者绝对不可能颠倒。

时间地点或许是即兴选择的，但演讲绝对不可能是即兴发挥的。你想做出一场优秀的即兴演讲，不妨向一个做包子的品牌——"肚子里有料"学习。

你都没读过多少书，怎么能指望自己成为一名优秀的写作者？

你不曾夏练三伏、冬练三九地在琴键上下过苦功，怎么能指望别人为你的演奏倾倒，你又凭什么获得掌声？

这种不劳而获的心态，在我见到的演讲者里，其实是普遍存在的。

的确，相比用心打磨、拼了命准备出来的演讲，即兴演讲确实看起来举重若轻，非常凸显才华，就像网络爽文里的高潮时刻。

但大部分人都被电影里蒙太奇的剪切效果蒙骗了，以为只要上台，哪怕没有准备，上天也会自动给你生成一个高光时刻。

遗憾的是，就像《小王子》里说的，"真正重要的东西是看不到的"，电影里没有拍出来的东西才是重要的，这就是横亘在失败与成功之间的那段时光背后一个演讲者的反思、沉淀与磨炼。

所有在即兴演讲中看起来信手拈来的素材和内容，其实都是演讲者平日里大量积累、刻意练习的结果。

不怕你笑话，直到现在，我每次突然被要求做一个事先没有准备的演讲，基本的心理活动还是这样的：

1. 震惊！

2. 慌乱！

3. 我该怎么办？

4. 要不要转身逃跑？

5. 不不不，还是倒下装死吧！

6. 平复心情。

7. 深呼吸。

8. 想让我讲什么来着？

9. 好像我讲过类似的话题。

10. 嗯，这个素材可以。

11. 咦！这个素材好像也可以！

12. 哇！再加上这个就差不多了！

13. 好，我来了！

你会发现，前 5 步的心理过程，我与其他人都是一样的；第 6、7、8 步，可能区别也不大；而一个专业演讲者与小白之间的区别，仅仅在于最后几步，我的大脑里有经过检验的成熟素材。

这就好像脱口秀演员临时被要求当众表演，他能接得住，靠的一定不是才华，因为一个能引发哄堂大笑的梗可能要经过上百次的打磨才能被验证是有效的，最保险的办法绝对不是现编，而是把自己过往最好、最成熟的段子拿出来讲。

哪有什么突然的才华横溢，所谓的即兴演讲只能靠积累。

就像一句话所说的：你只有拼命努力，才能看起来毫不费力。

那么，你是不是应该彻底死了做即兴演讲这条心呢？放心，你死心了，生活也不会轻易放过你的。你仍然可能会在一个新的环境突然被要求做个自我介绍，又或者在某次会议上替代原本要发言却临时出了状况的嘉宾。

这些都是典型的即兴演讲的场景。

我碰到过最夸张的一次情况，是在亚马逊举办的读书日活动上。当时，活动已经临近尾声，主持人在致闭幕感谢词时突然看到了坐在第一排的我，直接把话筒递到我面前。我从接过话筒到开口演讲，只有不到 5 秒的准备时间。

我们要时刻准备着面对生活的暴击，所以我要告诉你一条面对这种"被迫营业"要做即兴演讲的心法——三短一常。

三： 内容不要超过三个点（多了你自己会乱）。

短： 尽量简短（少说少错，言简意赅才出彩）。

一： 只讲一件事（聚焦重复让听众印象深刻）。

常： 有一篇常备的演讲内容或者一个非常精彩的常用故事。

综上所述：在尽量简短的时间里，只讲一件事，不要超过三个点，最好用上你常备的一段演讲内容或者一个非常精彩的常用故事。

为了确保你能理解，我再告诉你我最常用的两个即兴演讲结构。我先放一篇在亚马逊世界读书日活动上的即兴演讲文稿[1]：

感谢亚马逊举办这次读书日活动。我一直是亚马逊的"脑残粉"[2]。记得在高中时，读到美国科幻文学三杰之一的阿西莫夫的一段话，他说："不管在什么时代，人群中爱读书的人都只占1%，但就是这区区1%的人们，传承了人类的文化、知识和思想。"我被这句话打动了，想要成为那1%的人，于是开始了我的读书之旅。

也因此，在亚马逊网站刚进入中国时，我成了首批用户，直接造成

---

[1] 这篇内容从构思到上台只用了不到30秒，这是事后整理的录音文稿。

[2] 网络用语，此处是指忠实粉丝。

了我们家的储藏室成了我的小型书房。

在差不多三年前，朋友送了我一台 kindle，作为一个热爱纸质书的人，我一开始是拒绝的！我觉得电子阅读缺少了阅读印刷文字时的仪式感，哈哈，那时的我多么幼稚……读书的目的不就是不断了解这世界上未知的事物，拓宽自己的认知领域吗？

于是，在我第一次使用了 kindle 阅读器后，就再也放不下来了。

对我而言，kindle 至少有三点好处。

一、便宜！

这对我而言是一个巨大的诱惑。几块钱一本的电子书，相对于实体书产生的费用是九牛一毛。在使用 kindle 后，我一年购买的书总量是上升的，但总体用于购书的费用几乎少了一半还多，我想这已经是一条让人无法拒绝的理由了。（笑）

二、轻便。

我是个喜欢躺在床上看书的人，举着 iPad 阅读时，（我）经常因为手滑，iPad 脱手砸到脸上导致自己当场昏厥。在使用 kindle 后，我依然经常手滑，但每次脱手砸自己，那感觉，如同被知识温柔地亲吻了额头。（笑）现在经常出差的我已经离不开 kindle 了。

三、海量存储。

我想每个爱书的人都有一个梦想，那就是拥有一间自己的私人图书馆。但在这个房价略高的年代，这显然不是那么容易做到的。我就因为家里的书放不下，屡次和家里人就"到底是扔书还是扔掉我"这个问题无法达成共识。（笑）

有了 kindle 后，家里人终于可以与我和谐相处、愉快地继续玩耍了。我想，一件能够从时间、空间以及物质上，同时给人带来好处的东西，真的是一件了不起的产品。

感谢亚马逊为爱书的人带来这样一件神器。

我一直是一个读者，直到今年出版了自己的第一本书，成为作者，才有机会来到这里表达我对亚马逊的喜爱。谢谢在座的各位，愿有更多的人读书、爱书，也希望亚马逊越办越好，持续给我们带来新的惊喜。谢谢！

整篇演讲，加上因为现场笑声造成的停顿，总共也就三分多钟的时间。但在演讲结束后，作为一个临时上台的人，我却成了媒体的焦点。

这段内容完美地符合"三短一常"原则。

三： 我说了电子阅读器的三个优点。

短： 时长仅仅三分钟。

一： 表达了对电子阅读器的喜爱。

常： 这里所有的金句和段子，都是之前在不同的场合讲了无数次的内容，只是被临时抽调在一起，成了这篇演讲稿的一部分。

在这篇演讲稿里，我使用了一个常用的即兴演讲内容结构：

时间／空间＋变化

在某个时间点（或者拥有某样东西／改变某种看法）前，我是什么样的，在这个时间点之后，我变成了什么样，我给周围的人和空间带来了什么样的影响。

具体在亚马逊世界读书日即兴演讲的这篇稿子里就是，在使用电子阅读器之前，我是什么样的（坚持要获得纸质书阅读的仪式感），在使用电子阅读器后，我变成了什么样的（省钱、节省了更多的空间、拥有了更多的藏书）。

你不妨也试试，这是一个非常简单好用的结构，可以从时空的尺度上带来一种宏大的冲击力和美感。

这种结构还有一个变体，也可以应用于即兴演讲，特别是在被要求做自我介绍的时候。这个结构是：

过去 + 现在 + 未来

比如，一个人到了新的工作单位，要向同事们做个自我介绍，就可以用这个结构来讲。

> 你好，我是 XXX，（过去）我原来是做网站运营的，几年干下来积累了一些经验和心得，也想看看自己能不能凭借之前的积累更上一层楼，（现在）所以我加入咱们团队。听说咱们部门不但藏龙卧虎，有很多业务骨干，工作氛围还非常不错，我觉得自己很幸运，（未来）我想在接下来的工作中，向各位多学习，特别是在沟通能力

上，能够补上自己的短板。我是个吃货，平时没啥烦恼，希望有机会和大家边吃边聊，多多了解。

过去、现在、未来三个部分，担负不同的功能，"过去"主要是让听众了解你是谁，你做过什么；"现在"是让所有人天涯共此时，与听众取得一种情感上的连接；最后一个展望"未来"的部分，你要做的是描绘一种憧憬和未来的可能性。

这就是关于即兴演讲我的全部秘密和心得。

了不起的 TED

我认为，TED 是目前世界上最好的知识分享论坛。

能够持续不断地贡献高品质的内容，并且让所有看到的人受益。这是非常了不起的。

根据 TED 官网给出的数据，截至 2022 年 12 月，TED 的视频在全球范围内的点击量已经超过 100 亿次。

这是什么概念呢？

目前，地球上所有人口也不过 80 亿，100 亿就相当于地球上的每个人都点击了 TED 的视频 1 次以上。

在一个被综艺霸屏、娱乐短视频和游戏反复轰炸的年代，TED 还能取得这样的点击量，是非常了不起的。

而 TED 的线下大会的门票更是卖出了从 8500 美元到 25 万美元一张的天价。即便如此，每年还是会有几千人来到现场参加活动。

我所理解的 TED 最了不起的地方，在于它的坚持。

如果类比一个人的年龄，如今的 TED 已经快 40 岁了，正值壮年。任何一个组织，要想做到基业长青是非常困难的。那么，是什么让 TED 能够历经近半个世纪的时光，却焕发越来越强大的生命力和能量呢？

我们不妨花一点时间了解一个关于成长的故事。在这个故事里，你将看到，名望是如何塑造的，影响力又是怎样建立起来的。

尽管 TED 有如此辉煌的成绩，是全球顶尖的知识平台，但也许你不知道的是，TED 有一个非常坎坷的开始，甚至几近夭折。

TED 是 technology（科技）、entertainment（娱乐）和 design（设计）这三个单词的首字母缩写，为什么是这三个词呢？

1984 年，一位名叫理查德·乌曼（Richard Wurman）的建筑师发现，这三个领域的人经常聚在一起交流，于是他就想，干脆把这三类人聚在一起办一个分享活动，这就是第一届 TED 大会的由来。其本意既是提供一个交流的舞台，也是给当时的有钱人提供前沿的信息资讯、激发新想法的活动。你不妨将其理解为一种另类的智库。

第一届 TED 大会确实做到了这一点，它提供了当时足够前沿的很多黑科技，比如苹果公司的麦金塔电脑、CD 光盘、电子书、3D 技术等。虽然如今麦金塔电脑和 CD 光盘早已作古，但像 3D 技术和电子书等至今还存在，甚至越来越普及，可见当时的 TED 大会多么具有前瞻性。

当然，第一场 TED 大会的门票价格非常高，门票售价 4000 美元 / 张，这个价格不是普通人能够承受的，但当时还是汇聚了 1000 名观众。

应该说，这是一个非常好的开始，但即使加上门票的收入，第一届 TED 大会还是付出了巨额亏损的代价，导致之后整整六年 TED 大会都没有召开第二届，一直到 1990 年，TED 大会才重新召开，每年举行。

如今，TED 虽然保留了早期这个朗朗上口的名字，但是它的内容早已超越了科技、娱乐和设计这三个领域，几乎无所不包，甚至会召开专门的主题分会，如医疗分会、教育分会。

把 TED 带上一个新高度的，是一个名叫克里斯·安德森（Chris Anderson）的商人，可以说他是 TED 的灵魂人物，没有他，也许就不会有现在的 TED。

克里斯·安德森从小兴趣广泛，对各种新奇想法充满了好奇。他毕业于牛津大学，在物理、哲学、政治和经济专业领域颇有研究，是位名副其实的学霸，他后来创办的杂志、网站和基金会都很成功。

2001 年，克里斯·安德森花 600 万英镑从理查德·乌曼手中收购了 TED，并且把 TED 的理念从原来单纯的满足好奇心变成了通过传播思想的方式改变世界。克里斯·安德森曾经创办了一个名叫树苗基金会的组织，该组织的宗旨是"帮助传播那些伟大的思想"（Fostering the spread of great ideas），后来这个理念演变成 TED 的口号："Ideas worth spreading"，也就是"传播有价值的思想"。

安德森从来不把自己称作 TED 的 CEO 或老板，而是管自己叫 Curator，即"监护人"。TED 是他实现儿时愿望的舞台，拥有它既满足了他自己的好奇心，也能够让更多好的想法在人与人之间传播，最终改变这个世界。

但你别以为在安德森接手之后，TED 就立刻顺风顺水、原地起飞了。之前说，第一届 TED 和第二届 TED 之间隔了 6 年的时间，而自安德森接管到 TED 成为世界级的知识分享论坛，也差不多隔了 6 年的时间。其间，安德森的一个重要决定让 TED 开始真正走红，那就是把 TED 的演讲内容放到网上，并且以免费的形式分享给所有人。

当时这个决定在团队内部引发了很大的争议，毕竟花了这么多钱打造的优质内容，连版权费都不收，直接免费开放给所有人，在大部分人看来显然是件浪费了 TED 商业价值的事情。

但安德森坚持要把 TED 的演讲免费发布到网上，他的心中有一个更大的目标。

事实证明，安德森是对的。在网上看过 TED 演讲的人，都被深深地震撼了。这种演讲既有料、话题涉及面又广，并且有超高品质的内容，特别吸引人，传播力也极强。这使得 TED 在全球拥有了海量的粉丝和巨大的影响力。

比起相对有限的版权费用，能够拥有世界级的知名度才是能够让 TED 变得更有价值的选择。

每次想到安德森的坚持时，我也会想到著名相声演员郭德纲。最初剧场里的相声是不允许录音录像的，因为相声演员的段子就这么多，大家都怕观众有了免费的东西后就不来现场了，只有郭德纲不介意大家录像传播，结果一下子就引发了大规模的传播，这让德云社声名鹊起。

虽然安德森与郭德纲并不在同一个领域，追求也不同，但在一个关键问题上的选择惊人的相似——相信声望比现金重要，认同只有影响力能帮助企业实现长期发展，并获得源源不断的机会。

也是通过网络传播，安德森把 TED 的内容标准输出到全球，让大家知道优秀的演讲应该是什么样的。后来在全球各地，开始出现很多模仿 TED 的演讲。此时安德森再次展现了高瞻远瞩的眼光，TED 可以免费授权，把自己品牌提供给全球的粉丝用，这就是 TEDx 的由来。

如今，你只要看到任何一段演讲标注是 TEDx，就明白这是一个模仿 TED 的粉丝演讲。这在无形中也进一步扩大了 TED 的影响力，使TED 成为行业的标杆和规则的制定者。

那么，一个行业标准的制定者靠的仅仅是领先吗？

肯定不是，TED 的演讲嘉宾讲得好，原因是训练的结果，换句话说，是 TED 坚持自己品牌品质的结果。

TED 的演讲者来自各行各业，绝大部分不是专业的演说家，甚至缺乏舞台经验，更别说之后要在一个世界级的舞台上，面对现场上千名观众和后续全球上亿的 TED 粉丝们挑剔的目光，演讲者的心理压力有多大可想而知。

所以每一场 TED 大会上的演讲都是花了很长时间精心准备的，从选定主题到成稿，有时会投入半年甚至更长的时间。在演讲开始前的一周，TED 还会派专门的教练帮助演讲者调整演讲的内容和风格，进行模拟训练。

安德森认为，对 TED 来说最重要的事情，是给演讲者寻找一个好主题，即必须有一个好故事值得分享给大家，而且这个故事必须是让演讲者印象非常深刻并且感触颇深，这样才能对观众产生影响。

在 TED 众多演讲中，有一个令我印象深刻的演讲——《我与狮子有关的一个发明》，演讲者是一个普通的非洲裔小男孩。

有一次，安德森和同事在肯尼亚出差时遇到的向导，是一个名叫理查德的小男孩，理查德向他们一行人讲了自己如何解决狮子袭击自家羊群的故事。

安德森觉得这个故事非常棒，很值得在 TED 论坛上分享给大家。但是，问题来了，首先理查德的年龄太小，当时只有 12 岁，而且特别害羞，英语表达能力又很差；其次，在 TED 这样一个世界级舞台上，让理查德面对 1400 名付了昂贵门票进场的听众，下面坐着的还有比尔·盖茨等社会名流，这听起来就是一个巨大的挑战。

但安德森相信值得分享的好故事胜过一切，所以坚持训练理查德走上 TED 的舞台。

最终，这个小男孩在台上的演讲取得了非常惊人的效果。用安德森的原话说："每一次理查德笑的时候，下面的听众都被他融化了"（Every time Richard smiled, the audience melted）。

相比很多名流和大咖没有真情实感的表达，或者自我吹嘘、公关稿和软文一样的演讲，这个害羞的小男孩身上那种质朴和真诚，帮助他完成了一个极其优秀、成功的演讲。

优秀的演讲，
要引领观众
一起思考。

这也印证了安德森的判断——主题先行，故事为王，只有能打动自己的，才能打动他人。如果你自己都觉得内容没意思，就不可能在台上拥有自信，也根本打动不了其他人。

不要试图把所有东西都放在一个故事里。比如你的全部人生经历，你怎么从无到有创立一个公司等，大而全是不行的。切口要小，要有丰富的细节，同时要简洁明了地表达难懂的概念，少用晦涩难懂的词语和术语。专业词语或过多的术语并不会让你显得更专业，反而会给听众造成理解障碍，让你与他们产生距离。

优秀的演讲，要引领观众一起思考。

安德森打过这样一个比方：一个好的演讲就像一部侦探小说，在听的过程中，听众应该有那种智力被激发、最后与演讲者一起探索、发觉真相的乐趣。

举个例子，安德森给企业管理者的一条演讲建议是，不要讲你的公司如何成功，最好的方式是告诉听众你正在解决什么样的问题。

我的看法是，观众不想听到一个人在台上吹牛和炫耀，再成功都不行，大家喜欢的是"天才身上的人性"和"凡人身上的神性"。

演讲者最糟糕的分享姿态，就是在舞台上化身为无所不能、全知全能者，最好的分享姿态应该是把自己还原为一个有血有肉甚至有缺点的人。

TED 的另一个撒手锏是对演讲视频的电影化表达。一般来说，在现场听到的让人热血沸腾的演讲，如果放到镜头前看，就会失去现场的魅力。因为镜头很难完整传达演讲者的情绪和现场气氛。

这也是很多大规模在线开放课程（Massive Open Online Courses，MOOC）不成功的原因，因为只是一台摄像机竖立在某个方位全程录像，然后将录制的视频文件直接发布到网上。在这种情形下，即使哈佛大学、耶鲁大学、牛津大学、剑桥大学等世界顶尖学府的高质量课程，也会让人看不下去。要知道，现在人们常看的都是以秒为计算单位的短视频，它们设计精巧、剧情诱人、音乐动听，仅凭好大学的金字招牌，是无法与精心设计的娱乐产品在争夺注意力上占到上风的。

影视工作者长年研究、积累出来的有效镜头语言，应该被尊重也值得被学习。

在这个问题上，TED 的呈现模式很值得借鉴。并不是说 TED 的镜头语言已经可以媲美电影或短视频了，但至少在呈现知识性内容方面，TED 比所有演讲论坛都要更细致，投入也更多。

首先 TED 拍摄演讲的机位很多，可以随时切换，而且镜头会随着演讲者的内容以及他们的动作发生变化。比如，演讲者转向左边时，镜头就会切到正对着他左边的那个机位；如果演讲者在分享一些比较私密的内容，镜头就会拉近给特写；如果他们做了一个有力的表达，比如把东西挥开的手势，镜头就会随之拉远。

这是一种电影化的镜头表达，而不是干巴巴地把单个摄像机放在某个固定机位一拍到底。在电影里，一镜到底是非常困难的拍摄手法，要做大量的准备和彩排。大部分课程和知识分享的单机位拍法基本等同于"放弃治疗"。

当然，像 TED 这样用心的呈现方式，肯定是投入了巨大的成本，毕竟好东西也是需要高投入和大成本的，仅是电影式拍摄和剪辑成本就非常高，再加上人力、运营和推广，都非常耗费钱财。不过，观众之所以在看 TED 演讲视频时，会觉得很过瘾，也是因为每段视频都会有认真精细的剪辑和高品质的字幕翻译，观众的获得感明显变强。

当你看到一个优秀的 TED 演讲时，别忘了这后面凝结着这么一段曲折的故事。

如今的 TED 像一朵盛开的花朵，所有人都倾心于它的美丽，沉醉于它的芬芳，但就像那句话说的："没有一朵花，从一开始就是花。"

如果 TED 的成长也需要这么漫长的过程，经历如此艰辛的努力，那么想要在演讲和表达上取得成就的你，会不会因此获得一些安慰，也收获了一些启发，甚至感受到一种力量呢？

我们发现，能够成为业界标杆，甚至把演讲这件事变成传播知识和新理念、改变世界的一种方法，TED 靠的不是运气，而是坚持——坚持自己的理念，坚持自己的方法，坚持做到最好。

毕竟准备一场演讲是非常耗心费力的，准备一场优秀的 TED 演讲更是如此。就像前面说的，演讲者从策划选题到上台演讲，至少需要半年的时间。据我所知，目前除了 TED，全世界还没有一个机构能够做到如此，哪怕是那么多的粉丝组织和追随者们，也更多的是借鉴了 TED 的形式，却没有坚持 TED 的高品质追求，对于演讲者的培训也远远不够。

准备得越充分，练习次数越多，上台的表现就越好，这是一个基本常识。台上一分钟，台下十年功。很多人嘴上说着长期主义，但真的面临投入时，还是会犹豫这样的付出是否值得。

在这一点上，我与安德森的看法一致：一次成功的演讲，不但对演讲者个人的形象和自信心有巨大的提升，还会给听众打开一扇新世界的大门。就像安德森说的："成功的演讲是小奇迹，人们会因此改变自己看世界的角度。"

作为 TED 的粉丝，我向它学会了很多，也被它启发了很多。因此在心里也有了一个更大的心愿，我想在中国做出一个超越 TED 的东西。

在我看来，向优秀的前辈和榜样致敬的方式，并不是匍匐在他们的脚下单纯地模仿，也不是亦步亦趋地紧紧跟随他们的步伐而不敢走出自己的道路，只有有勇气做出超越榜样的事业和成绩，才不算是辜负从榜样身上学到的东西，更是对榜样最好的致敬。

更重要的是，我深信，中国有这么多能干的人，做出了这么多了不起的事，如果有一个舞台，让这些厉害的人把自己的思考和本领分享给更多的人，这对他们是一个很好的交代，也会为人类的知识积累做出贡献，毕竟现在的中国在很多方面都引领着世界——除了经济的腾飞、移动互联网的高速发展、令人难以置信的基建成就，更有在文化和知识传承领域的不甘于人后。

这种对分享的思考和交付的期待，也是我想写作这本书的其中一个原因。

我想告诉所有读到这本书的人，中国是有人在努力做好高质量演讲这件事的，而且我们已经默默地做了三年，用自己对演讲的理解，建立了一套独特的训练方法，帮助各行各业的人——不论什么身份和社会背景，也无论男女老少，都可以站在舞台上，有尊严感、有质量地做出一个经得起时间考验的演讲作品。

这个舞台就是每年 1 月 1 日的《回响·开年演讲》。

我希望通过《回响·开年演讲》，为中国建立一个高品质的知识分享舞台，我希望这个舞台终有一天可以超越 TED。

当然，我知道这很难，有无数的困难需要克服，我也不知道这件事什么时候能够实现，但如果你问我为什么非要做这件事，我想用一个故事来回答。

有一座村庄被一座大山挡住了阳光，村里的孩子因此晒不到太阳，变得苍白无力。

有一天，村里的一位青年，拿起一只木勺子，朝着大山走去。

村里的人都问他："你干什么去？"

青年说："我要把这座大山移走。"

大家问他："你怎么移？"

青年说："用这把木勺子。"

村里人难以置信地说："你疯了吗？不可能做到的！"

青年说："我没疯，我也知道自己做不到，可总要有人开始做。"

03

第 3 章

成名之法：写作

我们为何写作

你可能觉得写作是一件特别难的事，门槛很高，也很神秘。

你想错了，写作这件事一点都不神秘，门槛也不高，甚至一点也不难。

你可能会说："因为你是职业作家，当然不会觉得写作有难度。"

那么我要告诉你，正好相反，只有职业作家才会觉得写作特别难，因为相比随便写写，职业作家是以文字为生的。举个例子，如果你只是足球爱好者，平时随便踢着玩，那么应该能充分享受足球带来的乐趣；如果你是一名足球运动员，那么长期大量艰苦的训练，以及伤病、高强度的对抗、竞技状态的下滑，每一样都会让你感到无比焦虑和痛苦。

可怕的是，你的职业是足球运动员，你必须踢好足球。

我希望通过这个例子告诉你，为什么写作对我来说是痛苦的，但对非职业的写作者来说，既不痛苦也不难，因为他们不指望着它吃饭，也就不必非写好不可。

没错，之所以写作对你来说不难，是因为你并不需要非写好不可。

你可能又会说，如果不写好，那么我为什么要写呢？

这就是一般人对写作最大的误解，认为必须文笔优雅、见识独到，还要语言流畅，写作其实并不是这样的。

我们不妨从写作的起源说起，以帮助你理解这个问题。

与口口相传的信息传递方式相比，文字出现得较晚。人类有大约450万年的历史，但最早的文字出现距今不过7000年，可以说是一项特别"后进"的新技术。

在文字出现的早期，依靠文字也无法形成真正有效的写作，原因很简单，没有那么多龟壳和泥板让人来写。文字最早也不是为了记录语言的，而是为了方便记账或者占卜。

在很长一段时间里，识字的人都只是少数。从羊皮到竹简，再到锦（丝绸）等，仍在成本和便利性上存在很大局限性。这也使得文本的流通受到很大影响且只能集中于少数人。

直到造纸术被普及，人们的识字率才略微高了一些。而文字的作用得以充分发挥是在谷腾堡发明了印刷机之后，这距今也才 500 多年。

之所以说了这么多，是因为我想告诉你，写作这件事并不像语言表达，不是刻在人类基因里的。写作是需要后天学习的，你不会，我也不会，大家本来就在一条起跑线上。有的人之所以能写得好，是因为写得多，更是因为对文字没有那么大的敬畏心。

对，这听起来像是个悖论。那些对文字没有什么敬畏心的人，反而能掌握写作这门技能。原因很简单，如果你总是抱着诚惶诚恐的态度面对文字，那么无论如何你都会觉得自己写得不好，很快就会失去继续写的勇气。

只有把写作当作一种可以迭代的技能，你才会摆正心态，勇于开始，就像学骑自行车和学开车一样，一开始不会，多练练就会了。

更重要的是，你要明白，写作的目的不是写出辞藻优美、华丽动人的文章，写作的目的非常简单，就一句话——把事情说清楚。

语言被创造出来是为了交流，文字被创造出来也是为了交流，文字之所以现在变成了让很多人觉得望而生畏的东西，完全是因为职业写作者的"内卷"[1]。靠这个吃饭的人自然要把这项技能打磨到高水准，但

---

[1] 内卷，指非理性内部竞争，或是"被自愿"竞争。——编者注

如果你是为了乐趣而踢足球的，就不会要求自己像梅西那样踢足球。

所以不要害怕，只要你能通过文字把事情说清楚，让对方明白你的意思，就已经是一个很不错的写作者了。

这一点，其实现代人每天都在做。

我猜你大概率每天都要在社交软件上和人"说话"，也就是用文字交流，那么你测算过自己一天要写多少字吗？

我算过，一个普通人哪怕只是回复微信上的消息，一天就可以打出2000~5000字。

如果不信，你可以在手机上装一个输入法软件试一下，在后台能看到自己每天的输入字数。

可以说，互联网的普及、社交软件的出现，就是在对每个普通人进行大量的文字和写作训练，这种训练是从短句开始的，是以解决问题为目的的，更是以能让对方明白为结果的。

因此，不用觉得你自己不能写。而我们的父辈也不具备这样的条件，他们要用笔在纸上写字，一段内容若想让更多的人看到，需要誊抄、复印，成本很高。那样的时代已经过去了，现在是一键转发、大规模网络传播几乎没有什么成本的时代了。只是很多人依然没有意识到这一点，你难道不应该抓住这份红利吗？

再次强调，写作的目的不是炫耀才华，而是把事情说清楚。人人都能写，人人都应该写，人人也都在这么做。没什么好怕的。

更重要的是，这个时代的技术革命，还给了我们一个特别大的优势——说写一体。

何谓"说写一体"

这个时代的科技进步给了我们一个特别好的写作工具，就是语音转文字。

我记得小时候，大概在 1996 年，我父亲的单位里刚普及电脑，那时有一个新来的大学生提议，能不能把说的话直接变成文字以此加快写公文的速度？

当时单位领导很欣赏这个想法，专门让这个小伙子尝试，结果研究了一个月，遗憾地发现，这个想法根本实现不了，一是因为设备成本高，二是因为识别率实在太低了，速度也很慢，还不如直接用纸笔写。

著名的天使投资人李开复老师，在 1992 年代表苹果公司在美国的电视上展示过那个年代的语音识别技术，现在看来惨不忍睹，哪怕是乔布斯亲自在发布会上演示都得翻车。

根据科普作家史蒂文·约翰逊的观点，任何一种创新都需要前一代的技术打完基础后才能出现。比如，如果制作玻璃的工艺没有成熟，就不会有后来的显微镜和天文望远镜；如果没有电子技术和专家对光谱的详细研究，就不会有今天的电子显微镜和太空望远镜。史蒂文·约翰逊把这种情况称为"相邻可能性原理"。

如今，不管是互联网带宽带来的超高网速，还是语音识别技术的成熟，都把当年让那位小伙子沮丧的梦想变成了现实。就在每个人的手机里，大家只需打开微信，就可以直接使用"语音转文字"功能。你在开会不方便听消息的时候用过，在不方便打字的时候用过，那么为什么不能在写作时也用用看呢？

我自己第一次尝试这个做法，是在给"得到"App 写作年度日更专栏的时候，那时一天必须交 3000 字以上的成稿，这就意味着我要写5000~8000 字的初稿，更别说要做多少阅读材料的准备了。

所有的变革都是被逼出来的，当时我为了提高效率，在看到好的内容后，直接朗读出来转成文字，以此节约时间（你问我为什么不复制粘贴？因为不是所有的东西都在网上，我需要查阅大量的纸质资料）。

结果时间长了，我慢慢锻炼出了一种能力，那就是我不再简单地看着文字读原文，而是直接把原文的主要意思提炼一下，这样我在写作时就可以直接使用，无须进行二次处理。

后来，我的这项技能进一步得到强化，演变成我能直接大段地把材料关联起来，用说的方式变成文字，然后快速地将它们整理成文章。我的专栏写作时间也从原来的一天 7~9 小时，压缩到 3 小时，加上查证资料的时间，一般也不会超过 5 小时。

有一次我和几个作家朋友聊天，他们问我，为什么写东西能这么快，我讲了自己的写作方法，他们听后很兴奋，这也能大大提高他们的写作效率，其中一个朋友还给我的写作方法起了个名字，叫"说写一体"。

掌握了"说写一体"，你就能实现文字和口头表达的融合，说的东西能直接变成文稿，而文稿哪怕是读出来，也像是在说话，原来的文字已经变成了符合人们听觉习惯的口语稿。

其实"说写一体"并不是什么了不起的创新，《诗经·小雅》就提及都人士具备一种能力："彼都人士，狐裘黄黄。其容不改，出言有章。"意思是，都人士仪容得体，说出来的话富有文采，出口就能直接变成文章。

可以说，"说写一体"可以同时帮助你提高口语表达和文字写作的能力，还能节省花在写作上的大量时间，这是一个非常高效的技能。

如果你稍微留意一下就会发现，这项技能在新媒体创作领域已经非常普遍了，只是还没有人像我这样给它取一个正式的名字。

大量的公众号文章，你读起来既不晦涩也不深奥，不像教科书那么讲究遣词造句的优美精确，但就是文通句顺，让你觉得醋畅好读，欲罢不能。因为这些公众号的内容创作者，正是在使用我们日常交流中常用的语言逻辑写作。

那么，怎样训练"说写一体"的能力来提高自己的写作水平呢？

我有两个建议。

第一，在每天回复微信时，刻意使用"语音转文字"功能，在转录好的文字上进行修改，删掉那些废话、啰唆重复的表达，再点击发送。这样一天只要训练 2~3 次，不到一个月，你的语言表达水平就会得到大幅提升，一年下来，你几乎刻意练习了 1000 多次，你的整体表达水平就会突飞猛进，实现质的飞跃。

第二，针对特定问题与朋友进行交流和讨论，比如孩子的教育问题、工作上的问题、生活中遇到的问题，然后把讨论内容录下来，转换成文字，在这个基础上进行修改和完善，然后把这些文字整理成文章，发布在朋友圈或公众号上。这样的方式可以每半个月采用一次。

通过这两条路径，你的口语表达和写作能力不但能够同时得到快速提高，还能逐渐融合起来，最终达到"说写合一"的境界。

如果你已经理解了"说写一体"到底是什么以及如何训练，那么接下来你会面临另一个问题，内容——写的话题从哪里来。

用好互联网资源

对从事写作工作的人来说，最大的困扰是内容枯竭，俗称"没什么东西好写"。

是啊，有源源不断的话题来写作，就像一个人拥有了点石成金的贤者之石，该是多么令人神往的状态啊。

幸运的是，这个时代真有这样的"贤者之石"，包括但不限于知乎、果壳、知识星球等知识社区和原创内容平台。

写作的目的是什么？

我们之前说了，写作的目的是把事情说清楚。

为什么要把事情说清楚呢？答案是为了解决问题。

进一步思考，哪里有问题呢？当然是大家都去提问的地方问题最多。

问题，

能激发

你的写作灵感；

答案，

能补充你的

写作视角和资料来源。

这种地方，首推搜索引擎。搜索引擎上，不但有海量的问题，还有问题后面的秘密。

不过，我们无法获得搜索引擎的后台数据，即使拥有这些数据也没用，因为问题的数量过多，质量还很差。

这时，知识问答平台就非常实用，上面不但有大量高质量的提问，话题涉及生活疑惑、学习效率、两性情感、娱乐八卦、学术研究等，简直应有尽有；这些问题下面还有非常多的高质量答案。

问题，能激发你的写作灵感；答案，能补充你的写作视角和资料来源。

我知道很多自媒体大号和学术专家，也会去知识问答平台上看文章，找灵感。因为这简直就是一个选题的宝库，一定要用起来。

不信你现在掏出手机，打开某些应用随便逛逛，一定能有吸引你读下去的问题和答案。

我推荐你使用知识问答平台作为自己写作的练手场地，还有两个重要的原因。

第一，答案不必写得很长，有想法就多写，没有想法一句话就解决了，不用长篇大论，非要凑够多少字才能发表。对刚开始写作的人来说，回答这些问题没有太大的心理负担，甚至你都没觉得自己是在写作，你会认为自己就是在回答问题、发表一些自己的看法或感想而已。

第二，当你写了有质量的回答时，会立刻反映在点赞量上。

为什么很多人觉得练习一个技能很苦？那是因为孤独。

为什么觉得孤独？因为缺乏反馈。

回想一下，我们学习乐器时，哪怕是练习，老师也会在边上听着，哪里不对了就立刻叫停，提示我们立刻纠正，这就是反馈。运动时也是一样，很多人独自去健身房健身很快就坚持不下去了，还是得找个伴，甚至找个教练，一是为了监督自己，二是为了让自己不觉得孤独、无聊。

大部分时候，我们想要通过训练提升一种技能，是要花钱请专人指导的，可是写作不用。你是写给读者看的，就让读者给你最直接的反馈。任何研究写作的教授和知名作家，在内容是否足够打动人这个问题上，都不可能比读者反馈得更高效。

能够在平台上得到很高点赞量的内容，放在其他地方也不会差，关键是，你还不用花钱，这相当于一次写作训练反馈的"众包"，并且是免费的，何乐而不为？

当你通过平台找到想回答的好问题且能不断地写出获得众多点赞的内容后，你的写作信心会被极大地强化，你也会逐渐吸引一批读者，写作的"正向循环"就这样建立了。

在这时，我建议你开设一个微信公众号，开始写略长的文章。

我知道现在很多人都在唱衰公众号，说红利期过去了，赚不到钱了。

没错，红利期是过去了，但你在公众号上发布文章又不是为了赚钱，而是为了不断提高自己的写作能力，同时吸引自己的私域读者，建立一个与他们对话的私人平台。

在这点上，微信公众号的优势是其他平台无法取代的，因为这里是熟人链接最多的地方。

当然，如果你不好意思或者没有准备好让身边人看到你写的东西，不告诉他们就可以了。

我的经验是，应该尽早告诉身边人你在运营公众号，他们会是给你最多鼓励和支持的人。

不要人云亦云地说微信公众号没有价值了，每一种工具对你来说都有独特的使用目的。人能够与他人交流的方式并没有那么多，拍短视频相对成本高，门槛也高，文字在传播方面有着无可替代的便利性，传播起来也更方便。

所以请尽情地写吧，用好知识问答平台及原创内容平台这样的选题池，也用好公众号这个私域交流池，给自己的写作建立一个正向的循环机制。

相信我，这件事虽然看起来很复杂，但做起来比你想象的要容易，而且见效也远比你以为的快得多。

没有灵感怎么办

很多人对写作有一个非常大的误解，认为写作需要灵感来支撑。

这种观点错得离谱，或者说，只要一听到一个人说自己没有写作灵感，我就知道他是写作的外行。如果你是以写作为生的人，靠灵感就等于吃不上饭了。

也许你并不想成为职业写作者，但知道一下职业写作者的工作方式是很有好处的。

所谓"等有了灵感再写"，意思就是靠天吃饭——如果天不下雨，庄稼就只能干死，人就只能饿死。这显然是非常原始的耕作方法，现代人旱涝都得保收，这才是正确的耕作方法。

既然种地都能摆脱靠天吃饭，写作还要等灵感吗？更何况灵感本就可遇不可求，那些成名的作家和艺术家也不例外。

"现代法国小说之父"巴尔扎克说："灵感，是天才的女神。她并不步履蹒跚地走过，而是在空中像乌鸦那样警觉地飞过，她没有什么飘带给诗人抓握，她的头发是一团烈火，她溜得快，像那些白里带红的鹤，叫猎人见了无可奈何。"

柴可夫斯基也说："灵感全然不是漂亮地挥着手，而是如犍牛般竭尽全力工作的心理状态。"

他们没有灵感时会怎么办？

硬写！就像李诞所说的那样："创作不要等着被雷劈，要时不时自己劈自己。"

编辑在门口等着，交不出来稿子，你就别睡了。

不要对自己要求太高，人总有状态不好的时候，就像生活总有起伏，天气总有阴晴一样，这是非常正常的。

只要还在写，就行。

很多年前，我与《云图》的作者大卫·米切尔（David Mitchell）有过一次长聊。他是半路出家从事写作的，他的作品不但在英国备受赞誉和褒奖，还被好莱坞改编成了电影。

我记得那天我问他的最后一个问题是："如何才能写出好东西？"

他认真想了很久，回答我："不要停笔。"（Keep writing.）

我相信，这是一个职业写作者最坦诚的心里话。

一个人一辈子可能都不会被雷劈，被雷劈是绝对的小概率事件，因此我们的进步和成功不能指望运气，我们要建立规则，并且严格执行。

最简单的方法，就是每天逼自己写一点东西，要给自己定一条底线，比如 150 字（也就是一条微博的文字量），不写完就不睡觉。很快，我们的习惯就能建立起来。

我给自己定的规矩是 30/300，即每天再忙，必须读 30 页书，写 300 字的读书笔记。

这是我一直坚持的习惯，哪怕工作到深夜，我也会坚决执行，不做完 30/300 就不睡觉。

300 字是底线，不是上限，也就是说不能写少于 300 字，多写的话，上不封顶。有时，我会写出上千字的笔记；有时，我会觉得一条笔记不过瘾；最多的时候，我一天写过 5 条 300 字以上的读书笔记。

但这种多写的情况很少见，我多写的前提，一是状态好，有表达欲；二是有充裕的时间。

多写是"变态"，300 字是"常态"。哪怕读完的 30 页书一点信息量都没有，自己硬写也要写出来，如果自己总结不好，那么抄书也要抄满300 字。

而且完成这件事不能"平均"，不能因为今天太忙，就先不看了，等周末补上，或三天不看不写，周末一口气看 100 页，写 3 条。

一旦平均，很快你就会坚持不下去。

人要对自己"没出息"的程度心中有数。在我看来，平均就是给自己讲条件，留后路，换句话说，就是自己骗自己。

人千万别骗自己，因为自己是最容易被欺骗的。如果你一开始觉得 30 页书太多，看不完，可以从看 10 页、写 100 个字开始做 10/100，或者从 20/200 开始，但一定要立一个规矩，立刻开始，然后坚持做下去。

成功就是这么简单，也是这么难。只要立好规矩，严格执行，日复一日地坚持，成功就会指日可待。

后来我发现，很多人写东西之所以把"灵感"挂在嘴上，不过是给自己的拖延症找个借口而已。

那么，人们为什么会产生拖延症呢？

说到底还是人们对自己没信心，害怕面对写出来的东西自己不满意、别人不愿意看的局面，干脆就用缺乏"灵感"给自己当挡箭牌，把自己的胆怯和懦弱藏在后面，以此寻求安全感。

那么，有什么办法能够减轻开始写作的负担和心理压力呢？

还真有，那便是现有素材和个人理解的重新组合。

我写的别人都知道怎么办

"我觉得我写的东西，别人都知道！"这是我刚开始写作时的真实困扰。我对很多人都说过这句话，为此也找了很多朋友聊这个问题。

真正为我答疑解惑的，是我非常敬佩的专栏作家万维钢老师。

那次是在网上随便聊天，我说到刚开始写作时碰到的这个问题，万老师问我："你觉得专栏作家的工作是什么？是带给读者新的思想吗？这个世界上有那么多新的思想吗？"

几个问题一下子让我醍醐灌顶。

万老师一直在英语世界找有洞见和新思想的好书写专栏，但他也不止一次地抱怨过，新的、有价值的思想其实非常少。如果专栏作家每次都想整点新活儿，写个新东西、搞个大新闻，就意味着他一定干不长。

我们都听过一句话——"太阳底下没有新鲜事"，一个人认为自己总能写出别人不知道的新东西，是一种盲目的傲慢。

专栏作家的工作，其实是用不同的故事和案例反复强调那些别人都知道的道理。大部分人的问题并不是不懂道理，而是经常忘记自己读过的道理。

对大部分人来说，真正难的，不是知道别人不知道的道理，而是做到人人都知道的道理。因此专栏作者有义务找出有趣的案例和生动的故事，带着读者一遍又一遍地体悟那些道理，不用自己去发明什么新的。

你写的别人都知道又如何？

《西游记》《红楼梦》《三国演义》这样的名著，还不是反反复复地讲，金庸的武侠故事还不是一部又一部地翻拍，读者并不介意把自己知道的道理重温一遍，人们不喜欢的是简单重复，以及没有新意的讲述方式。

这个世界上总有人不知道你所知道的，知识分享就是把我们知道并且相信的东西告诉别人。

所以专栏作家的工作，就是通过大量阅读找到那些生动的故事，然后组合上被验证过的道理，并变成内容。

TED 上我最喜欢的一个演讲《伟大领袖如何激励》来自西蒙·斯涅克（Simon Sinek）。在这篇演讲里，他主要举了三个例子，全都是我们非常熟悉的，分别是乔布斯如何销售苹果产品、莱特兄弟怎么发明飞机、马丁·路德·金的著名演讲。当西蒙·斯涅克用一种全新的角度讲述这三个故事，来论证"黄金圈"理论的时候，你还是会被他深深地打动。

就像法国作家马斯特·普鲁斯特说的："真正的发现之旅不在于发现新的风景，而在于采用新的视角。"

这种思维模式，不但解决了困扰我多年的问题，也给我们提供了一条特别有效的写作方法：不要重新发明一遍"轮子"，把已经有的素材和自己的想法做一个对接，就能创造出很好的内容。

如果认真审视一下，你会发现无论电视台的新闻，还是报纸、杂志的专栏评论，包括新媒体公众号上的文章，其实都是先把已经发生过的事情先讲一下，然后发表自己的看法和观点，无论经济形势，还是社会热点。

小说家在这个逻辑里隐藏得比较深，他们将已有的东西套入故事的模型。全世界所有的故事模型加在一起也就三十多种，最受欢迎的其实不超过三种，大家喜闻乐见的就是"灰姑娘"模式，讲述一个普通人如何成功，拥有了幸福生活。从金庸的小说《射雕英雄传》到现在的网络热文，只是换了情节和人物，故事的基本模型都是一样的，也基本都符合坎贝尔的"英雄之旅"模式。

所以如果你还在痛苦不知道到底应该写什么，或者像曾经的我那样自我怀疑，认为自己写的东西别人都知道了，不妨尝试着放松心态，把已有的素材和自己的想法做一个对接，再进行重新组合。

何谓"知识的诅咒"

在研究如何破除"感觉自己写的别人都知道"这样的心态过程中，我有一个意外的收获，学到了一个概念——知识的诅咒（curse of knowledge）。

在《复仇者联盟4》里，灭霸对钢铁侠说："你不是唯一一个被知识诅咒的人。"

知识不是力量，不是武器吗？怎么会成为一种诅咒呢？

所谓"知识的诅咒"，是指我们倾向于认为，我们所想的也是其他人所想的，我们知道的也是其他人知道的，我们很难想象，不拥有我们所拥有的知识的人，到底是怎么想的。

这个概念来自一个有趣的实验。

1990 年，美国斯坦福大学一位名叫伊丽莎白·牛顿（Elizabeth Newton）

的研究生，做了"击节者实验"的测试。

其实这是一个很简单的游戏，如果你有兴趣，可以和家人或朋友做一下。

她请来两拨人。一拨人被称为"击节者"，他们会拿到一批歌单，歌单上都是非常简单的童谣，比如《生日快乐》《两只老虎》《摇篮曲》等，都是耳熟能详的"名曲"。在测试中，击节者不能直接把这些歌谣哼唱出来，而是通过敲击桌面、打拍子的方式演奏这些曲子。

另一拨人被称为"听猜者"，他们的任务是通过听击节者打出来的拍子，猜出这些经典童谣。

听起来非常简单，研究者在游戏开始之前，让击节者预估一下听猜者猜出童谣的成功率。击节者想，这么简单的童谣，至少能猜出来一半，于是估计成功率为50%。

有趣的是，最终击节者一共打了120首童谣，听猜者只猜对了3首。也就是说，在平均敲打了40首后，听猜者才能猜对一首。成功率只有2.5%。

这个游戏表明"知识的诅咒"真实存在。

当击节者敲出节奏时，他们的脑海里同时也在回想童谣的旋律。但对听猜者来说，他们只是听到了简单的节奏，整个猜测的过程如同破译密码。

击节者惊讶于听猜者连这么经典的童谣都猜不出来，对他们的"愚蠢"表示难以置信，但他们恰恰忘记了，把自己代入对方的情景中时，他们未必比听猜者做得更好。

我们一旦拥有了某种知识，就很难想象不知道这种知识时会发生什么。我们的知识"诅咒"了我们，因为我们无法轻易地摸透对方的心理状态，所以我们很难与其他人分享我们脑海中的知识。

在日常生活中，我们也经常会碰到"知识的诅咒"。

你一定遇到过这样的场景，上学时，老师站在台上生气地说："这么简单的题都做不对，你们是我带过最差的一届学生。"

在家里给孩子辅导功课时，家长觉得非常简单的题目，孩子怎么做都不对，经常让家长感觉心力交瘁，暴跳如雷。所以，有人总结"不辅导作业母慈子孝，一辅导作业鸡飞狗跳"。

如果你用"知识的诅咒"这个概念去理解这些场景，那么问题就会一目了然。这便是具备了某种知识的人，被自己的知识诅咒，理解不了不具备这些知识的人为什么会表现出惊人的"无知"。

你可能还听过一个说法，对产品经理而言，能够"秒变傻瓜"是一种非常厉害的能力。据说腾讯的创始人马化腾、微信之父张小龙都具备这种能力，其实这也可以理解为他们能够摆脱知识的诅咒，完全变身第一次接触新产品的用户并以用户的视角来理解用户的真实困境，进行换位思考和共情，从而找到用户的痛点和产品的问题。

可以说，无论做产品、写文章还是演讲，我们都会遇到"知识的诅咒"，这是一个常见问题，也是一个经典的沟通难题，那么到底应该如何解决"知识的诅咒"呢？

如何破解知识的诅咒

美国的知名畅销书作家希思兄弟总结过一个 SUCCESS 公式，是六个词语英文首字母的缩写，这六个词语分别是简单（simplicity）、意外（unexpected）、具体（concreteness）、可信（credibility）、情感（emotions）、故事（stories）。

我们不妨将其记成六字口诀——简意具信情事。如果要做一个二次提炼，其中有三点尤其重要，分别是简单、具体和故事。

先说简单吧。

这一点说起来容易，真要做好，要花的功夫可能超出你的想象。《小王子》的作者圣－埃克苏佩里说过："优雅的设计并不在于无以复加，而在于无从删减。"真正的简单是一种平衡，是能恰到好处地展示最重要的东西。

不管演讲还是写作，我都有办法迅速判断一个人是否把自己要表达的想清楚了，因为只有先想清楚，才能表达明白。

你也可以试着用这个方法检测一下自己的思路是否清晰，即你能不能把要表达的东西提炼成一件事、一个要点。

我们经常听到有人走上讲台说："我今天简单说几句，有以下 10 件事。"

实际的结果是，如果讲了 10 件事，就等于一件都没说。别说 10 件事了，在演讲和写作中，如果你说 3 件事都等于什么都没有表达好，因为如果什么都是重点，就等于没有重点。

在表达时，我们要充分考虑接受者的状况，人的大脑不是电脑，不能同时处理太多的信息。所以，只有简洁清晰的一条核心信息，才能让听众记得住。

希思兄弟在其著作《设计行为学：让创意更有黏性》里，举过一个军事案例。

20 世纪 80 年代，美国陆军提出了"指挥官意图"（Commander's Intent）概念，用它对前线的士兵进行信息管理。

在打仗时，战场形势多变又复杂，如果命令太过烦琐，根本无法实施。因为战场上的情况瞬息万变，敌人不会按照你的预想进行战略

在写作和演讲中，

也应该遵循

删繁就简、

重点突出的原则。

部署，天气状况也不会按照你的规划出现，可以说所有预先计划好的事情，在实际战争中都会偏离预想。

要解决这种状况，有两种思路。一种是用加法，增加计算量，做到算无遗漏，但其实根本做不到。所以连评书里讲的所谓"锦囊妙计"，只是戏说，按照这种方式去打仗，肯定有去无回。

另一种思路是做减法，而且是极致的减法。既然做不到事无巨细，就干脆只盯住一件事，做好就行，于是出现了"指挥官意图"。

让前线的士兵和指挥官牢记最核心的一条指令，至于具体怎么实现，就靠士兵的随机应变了。

所以，命令必须简化成这样一句话："如果明天只能做一件事，我们必须完成的是什么？"

比如，"明天必须把这批物资送到 101 防区前线部队的手上"或者"明天 10:00 之前必须拿下对面的高地"。总之，有了"指挥官意图"这样的行动指针，所有人都会有明确的目标和方向，哪怕是部队被突袭，建制被打散，出现各种意外情况，士兵依然可以牢记这条命令来继续想办法完成它。

在电影《长津湖》里，司令员关心的问题就是各支部队是否知道总攻的时间，而部队到底如何到达指定位置、路上会遇到什么，则只能靠士兵自己应对了。

在复杂多变的战场上，简洁的指令反而成了最有效的信息管理方式。我们在写作和演讲中，也应该遵循删繁就简、重点突出的原则。

这就是简。

那么，什么叫具体呢？

我说一个你可能觉得很奇怪的表述，具体就是"用限制来激发想象，达成理解"。

这是什么意思？

具体的反面是抽象，抽象是一种总结，一种相对普遍的规律。概念和道理都是抽象的，比如"顾客就是上帝"这句话被创作出来的本意，是告诉员工，应该尽力服务好顾客，但问题在于，到底怎么做才是服务好了顾客，又怎么才算尽力了呢？有一个很经典的案例可以说明。

美国有一家以服务好而著称的百货公司，名叫诺德斯特龙（Nordstrom）。曾经有一位顾客怒气冲冲地来到诺德斯特龙，抱怨自己买的一套汽车轮胎防滑链很不好用，要求退货，营业员愣了一下，立即向这位顾客表示了歉意，并把购买防滑链的钱退给了顾客。

你会说这不是应该的吗？

但最有意思的地方在于，诺德斯特龙百货公司并不销售汽车轮胎的防滑链。

这是诺德斯特龙百货培训员工时会讲的案例，具体、生动，还有冲击力，不但员工能记住，相信你也很容易记住。

这家公司在培训员工时，还有很多这样的案例。比如，他们替一位顾客，把当天下午开会时要穿的新衬衫直接熨烫好了；他们会为顾客包装顾客在梅西百货公司购买的商品。这些小故事可以生动、具体地帮助你理解什么叫"顾客就是上帝"。

现在很多网购平台推出的"七天无理由退货"，也是一种具体服务好顾客的方式。

我们习惯于通过概念和抽象的道理来理解这个世界，可惜它们往往既不具体，也不具有实操性。比起你对孩子说"要努力学习"，不如告诉孩子每天准时上学、按时交作业来得具体，比起老板对员工说"爱岗敬业"，不如告诉员工，工作一定要在规定的时间内完成来得具体。

"用限制来激发想象，达成理解"这句话的意思，就是要给出具体的场景，虽然这把一个朴素的道理"限制"在一个特殊的情景里，但是能激发读者和观众的想象，让他们在脑海中产生画面感，调动自己的感官来认识事物。

再说一个你可能非常熟悉的东西——应用题！这也是在教学上常用的把抽象概念变得具体、有画面感的好例子。数学里的公式和二元一次方程都是非常抽象的，难以理解，但是如果转化为"鸡兔同笼"问题，就一下子有了画面感。在1500多年前的《孙子算经》里，就已经有了"鸡兔同笼"的应用题，可以说是把抽象概念具体化的经典应用。

这就是具体。

至于故事，在演讲篇里，我已经讲了很多，不再赘述。

当你能够用简洁、具体和生动的故事进行演讲和写作时，知识的诅咒就自然破除了。

放弃完美主义

无论演讲还是写作，我们都要直面一个现实——自己一开始做得肯定不够好。这会让人灰心丧气，甚至失去信心。

那么，如何解决这个问题呢？

我认为，最好的方式就是"放弃完美主义"心态。

这听起来有点违反常识，追求完美主义不是积极上进的表现吗？

并不是，有时追求完美主义是有害的，而且危害极大。

所谓"完美主义"，就是一定要做到万事俱备，一定要表现到最好。

坦白地说，这种心态我也有过，曾经很严重，现在好多了。我以前总希望在某一个阶段里做到万事俱备再向前走，连玩游戏也是这样，所以那时的队友会经常骂我："我们已经出新手村了，拜托你不要再杀

'野猪'了好吗？我们可以去打等级更高的'怪'！"我总是说："不，我的背包还没有装满！"最后，大家都不和我玩了。

我们经常把追求完美主义看作积极进取的表现。

在日常生活中，很多人用"我必须做到完美，要么不做，要么做到最好"这样的心理暗示激励自己，希望自己成为"完美"的人或做出"完美"的事。

但是，完美主义分两种：一种积极的；另一种消极的。

如果你是积极的完美主义者，就不会受到不良情绪的困扰，知道把事情努力做好就好，实在有缺陷也能接受。

如果你是消极的完美主义者，那么自卑感、焦虑感、抑郁感就会随之而来。这样的人会一味强迫自己成为"完人"，对自己的期待超出自己的能力，最终只会让自己越来越焦虑。

法国印象派画家莫奈就是这样的人，他曾说："我的人生只剩下失败。"他经常发脾气毁掉自己的画作，其中包括 15 幅本计划公开展出的作品。

在职场上，完美主义者也并不一定能成为优秀员工。

《哈佛商业评论》曾刊发多篇文章，诸如"为什么越是追求完美，结果却越不尽如人意""把完美主义与追求卓越画等号，其实是一种自欺欺人"等，其中，布莱恩·希维德（Brain Swider）在"完美主义的利与弊"一文中指出，极致的完美主义会导致优柔寡断、僵化和控制性行为模式，甚至导致抑郁。

这个结论有点出人意料。

提到工作中的完美主义者，你可能想到的形象就是，一个自我要求极高的工作狂，比如设计工作者，连一些用户压根不会注意到的小细节都要反复推敲。服务业人员，客户给的只要不是五星好评，就都算"差评"，拒不接受。这样的员工，怎么可能工作表现不出色呢？别说，还真不是。

之前大家会认为，完美主义者在工作中的表现会更抢眼，但研究发现，完美主义和工作表现没有必然联系。追求完美的员工，未必是表现更出色的员工。从整体上看，完美主义的一些好处，如工作细致、认真、投入等，也会被它带来的压力、焦虑、抑郁等负面因素全部抵消。这相当于从根本上颠覆了追求完美的意义。

研究结论表明，职场上那些有完美主义倾向的员工与一般员工相比，在工作中并没有表现更出色。

换句话说，完美主义者不是表现糟糕的员工，但也算不上优秀员工，他们只是普通员工。

这就有意思了。在工作上更较真的人，为什么工作表现却没有更好呢？

这是因为，对工作追求完美，确实能带来一些表面上看得见的好处，但这些好处又被追求完美主义带来的坏处抵消了。比如，在某些项目上投入太多的时间仔细打磨，却忽视了其他应该同步推进的工作，从而顾此失彼，影响了工作效率和整体的工作成果。

巴斯大学的托马斯·柯伦（Thomas Curran）和约克圣约翰大学的安德鲁·希尔（Andrew Hill）分析了 34.1 万名美国、加拿大和英国的学生在 1989 年至 2016 年完成的多维完美主义量表（Multidimensional Perfectionism Scale）数据，发现追求完美主义的趋势在上升且变得越来越普遍，但这并不意味着这代人会更加成功；相反，这意味着人们正在变得更加脆弱、焦虑，甚至阻碍了人们潜能的发挥。

《唤醒创作力：写给被"卡"住的创作者》的作者朱莉娅·卡梅伦也说："完美主义只是一块阻止你前行的绊脚石，是一个圈套，也是一个让你摆脱不了、使你裹足不前的封闭系统。"

是什么使我们跳进了"完美主义"的陷阱呢？

主要原因是，目标不具体，期待不现实。

很多人的问题在于，目标很笼统。比如，"我要进步""我要健康""我要发财""我要升职加薪"，但是具体目标是什么，却没有认真想过。

目标应该是明确的，比如：

"这次月末考核我要排到公司前 3 名。"

"这个月我要多赚 3000 元。"

"今天我要多跑 100 米，多做 1 个俯卧撑。"

"今晚我要写出一篇 1000 字的文章。"

只有目标足够具体，我们才知道完成它的可能性有多大。

除此之外，完美主义者最大的敌人是时间。

在完美主义者看来，做什么事都不应该匆匆忙忙地开始。他们总要准备很长时间，要求万事俱备。

最终的结果是，事情根本无法开始。

说到底，完美主义者有两个动机：一是追求卓越；二是避免失败。

无论把完美看作"卓越的证明"，还是把完美当作"成功的保障"，在动机上都是可以理解的。可惜的是，这股劲头用错了方向。

那么，如何避免陷入完美主义的陷阱呢？

王家卫在《一代宗师》中说："所谓大成若缺，有缺憾才有进步。"完美主义是一个诱人的陷阱，陷进去必将导致焦虑，与其在这个陷阱中沉沦，不如在缺憾中寻求进步。

那么，如何才能跳出完美主义的陷阱呢？我们可以从以下两方面来讲。

一方面是心态上。

首先，要敢于承认缺憾，允许不完美的存在。车尔尼雪夫斯基说："既然太阳上也有黑点，人世间的事情就更不可能毫无缺陷。"事实上，"完美"是人类最大的错觉，而完美不可遇也不可得。

对我们来说，要接受一个事实，那就是自己是一个普通人，要承认自己无法做到面面俱到。

其次，你要问自己，做到什么样才算足够好？

比如，在一个完美世界里，我们可以不睡觉，每天工作 24 小时，但在真实世界，朝九晚五对一个人来说也挺好的；在一个完美世界里，我们可以每天健身 1 小时，但在我们真实的生活里每周能运动 1~2 次、合计 30 分钟就不错了。如果你采用的模式是必须完美，那么你的压力就会很大，甚至不想做，但如果你想的是"哎呀，足够好了"，那么压力就会减轻很多，你甚至会极大地解决自己拖延的状况。

以上两点加在一起就是："我只能尽力而为，但我不可能面面俱到，我做不到完美，做到足够好也可以。"

全世界最棒的足球运动员，哪怕是以脚法精准、传球到位著称的球星，10 次传球中也有 4 次失误。

我们常说，只有 60 分是不是太差了，但你要记住一点，如果连 60 分都没做到，你是不可能做到 100 分的，所以完成比完美更重要。

从追求"必须完美"（perfect）变成追求"够好就行"（good enough），是心态上的一种转换。

另一方面是行动上。

首先，不要纠结于细枝末节，可以列出优先级；其次，预估一个大致的完成时间，定出截止时间；最后，不要和别人比，而应把自己作为标尺来衡量进步。

这几点其实并不难，但为什么很难做呢？

因为目标不够明确。

这就好比我说"我特别讨厌参加各种马拉松或跑步比赛"，你会认为我害怕竞争吗？

我是田径短跑二级运动员，怎么可能害怕竞争。但我明确一点，我跑步的目的是强身健体，不是与别人比较。如果与别人比较，会造成我过度疲劳、焦虑甚至受伤，那么我的目的就达不到了，还完全偏移了。

所以我跑步时就是以自己觉得舒适为标准，以运动量足够作为我的核心。有时，我在社交平台上发布跑步成绩后，会有人评论说："你怎么才跑这么点啊，我可以跑 10 公里啊！"请问，这与我何干呢？你跑 10 公里你去跑呗，我觉得 10 公里对我来说运动量太大了，我忙一天了，想稍微放松一下，出出汗、跑 3 公里就够了，我何必与你比呢？

总之，希望你千万不要被别人设立的标准捆绑，你要按照自己的情况锻炼、提高。如果你今天只能跑 1 公里甚至走 1 公里，那也没关系，明天能不能多跑或走 10 米？累积起来的进步是最可靠的，一开始肯定不完美，甚至到最后也没有办法完美，但重要的是进步，不是完美。

把每件事都做到完美，表面上看是自己很"能干"，但从长远来看，反而会成为一个人发展和进步的绊脚石。

如果你放不下那个"完美的自我"，就意味着你永远不可能成为一个更好的你。

还是那句话，完成比完美重要，请放弃完美主义吧！

提炼行业洞察的三个方法

优秀的写作者不会拾人牙慧、老生常谈，而是能够提供不一样的视角和洞察。

说起来容易，真要做到有洞察、有真知灼见，有什么具体的方法可以遵循呢？

结合多年的专栏写作经验，以及对各行各业高手的大量采访，我总结了可以帮助你快速提炼行业洞察的三个方法，分别是找亮点、找成见、找不足。

找亮点

从本质上讲，所谓行业洞察，就是具体做事的方法。所以无论成功的经验还是失败的教训，都可以作为依据和参考。

亮点就是成功的经验。

除了可以向那些优秀的企业和行业高手取经，在自己组织内部也可以提炼亮点。

我采访过一个客服中心的负责人，他们的客服人员离职率是同行的 50%。这是非常厉害的，因为客户，一般是遇到了问题才会打电话，而且带着很大的负面情绪，所以长期应对这类情况并提出解决方案，客服人员的工作压力非常大。一般座席客服的离职率是每个月 10%~50%，全年的离职率甚至高达 100%。

要想管理好这样的团队，难度很大。这个客服中心的负责人却可以让整个团队的离职率是同行的 50%，可以说是非常厉害了。

这位负责人是怎么做到的呢？

他做了两件事。

第一件事是，在招聘和入职培训阶段，他会安排应聘者听客服中心的现场录音——情绪很大、言辞非常激烈的录音，接受不了的应聘者，直接劝退了。

这样做，虽然在招聘阶段会损失一部分人员，但招进来的新员工，对于将要面对的工作环境是有心理预期的。即使遇到了非常糟糕的情况，受到的冲击也不会太大，这就降低了一部分的员工流失率。

第二件事是，两周一次，以 10 人为一组进行工作复盘，让大家共享好的经验，每组推选出一位表现最好的组员给大家做经验分享。这样做的好处是，既可以让大家学习到优秀的经验和处理具体工作事项的办法，也能让一线员工了解其他人的工作处境，对比自己的处境，进行换位思考，就不容易焦虑了。

这位负责人对此有一个很精辟的总结，让 60 分的人给 30 分的人分享经验，让 90 分的人给 60 分的人分享经验，同样做到 100 分的员工，只要有与别人不一样的方法，也值得分享。

他说，之前去过其他单位调研和学习，但在其他单位管用的方法，在自己单位未必可行，每个单位都有自己的具体情况，有时只是听了个热闹，自己回来一用发现问题很多。

这样向外取经的方式效果不明显，反倒发现向内挖掘的效率更高。无论环境还是大家面对的问题都差不多，做得好的员工也可以成为其他人的榜样。

这很像我们上学时老师的做法——请成绩优异的同学分享学习经验，二者都是在一个群体里中找到那些突出的人，并向他们学习。

别人做好事情的方法，往往可以成为你参考和模仿的对象。

这就是找亮点。

找成见

找成见，其实就是用内行的眼光，去填补外行的信息落差。

我们对每个行业的认识不同，就像我们对不太熟悉的人会有刻板印象，我们会想当然地以为某个行业是怎样的，尽管在内行看来根本就不是那么一回事。

因此，从业者的视角和外行的视角，天然会形成认知上的落差，能够把这种落差找到，就是很好的洞察。

以我自己为例，当年应聘新东方国外考试部的职务时，我就对培训工作有误解，面试了整整 6 次才被录用。

在刚开始时，我只是一味地准备了笑话和段子，没有认真准备教案和研究考题的解法。

结果第一次面试，我试讲了完整的 20 分钟。当时我的面试官、后来的部门主管郝斌老师问我："讲了这么久，你都是在东拉西扯，你是不是没有准备例题的讲解？"

我当时一愣，心想："新东方讲课还要准备例题，你们不就是一个说相声、讲段子的地方嘛。"我只好摇摇头，场面非常尴尬。

郝斌老师看到我的表情，大概猜到我心里在想什么，于是他对我说："你下次来的时候，认真准备几道例题，别讲段子了。能把问题讲清楚，才是同学们需要的。"

我灰溜溜地走了。

回去痛定思痛，我认为一定是自己准备的段子不好笑！

于是一周后的第二次试讲，我精心准备了六个笑话——传说中，百试百中的那种段子，我就不相信打动不了他。

结果刚讲了 5 分钟，正在第一个段子讲到高潮准备抖包袱的时候，郝斌老师直接打断了我。

他问我："你是不是又没有准备例题？"

我心里还在为没有出效果的段子惋惜，郝斌老师接下来很严肃地对我说了一番话，我对此至今记忆犹新。

> 我知道很多人对教育培训，包括对新东方有误解，以为只要靠着讲段子、说笑话，在课堂上唱歌、跳舞，就能成为受欢迎的老师，甚至有人为了能让学员给自己打分高一点、多拿些奖金，去讨好学员，请他们吃饭。这样的培训师在我看来是不合格的。

来参加出国考试的学员，不是为了看演出、获得娱乐的。他们是要提高成绩、通过语言考试、出国念书的，很多人甚至是为了改变自己的命运而拼搏的。

我不妨直说，你不是个有幽默感的人，也没有什么搞笑的才能，你讲的笑话并不好笑。即便你是个天生的喜剧演员，也不应该在课堂上把讲段子当成主业。

一次考试的费用，加上培训的费用多少钱？如果要听段子，相声演出的门票才多少钱？学员们为什么要花钱来听不好笑的段子，还浪费自己宝贵的复习时间？帮助学员高效地通过考试，才是一个培训师的责任，逗他们笑不是。

不要本末倒置。

对此，我哑口无言。

在此之前，我从来没有从他说的这个角度思考培训这件事。（当然，他说我没有幽默感，对我的打击也很大。）但我不得不承认，他是对的，未来的日子里，现实反复印证了他的看法。

接下来，郝斌老师给我提了一个要求："我希望你这次回去后认真准备例题，不要多，哪怕只有 1 道。但是我希望你准备的这道题是百里挑一的，让学员听了这一道题就像是听了 100 道题，而当他们回去做完 100 道题后，感觉就是你讲的那一道题。"

当时我完全蒙了，根本不知道这句话什么意思，那听起来简直像某种玄学。

回去之后，我把手头上所有的习题都做了一遍，挑了两道我觉得挺好讲明白的。

第三次试讲时，我竹筒倒豆子一样，不到 10 分钟就把例题讲完了，心想，这下应该过了吧！

郝斌老师眯起眼睛，开始对我发问。

你讲的第一道例题，是不是一道足够典型的题？ T/F/NG 的题型[1]，选择 False 有几种情况？你讲的这道题里，为什么不是 Not Given？二者有什么区别？

我当场愣住，这些问题别说回答，我想都没有想过。

他继续说：

---

[1] 雅思考试阅读部分的重要题型，选项包括 True/False/Not Given。

同样是这个逻辑，你为什么不去选择剑桥真题集第二册 TEST3 里的第 ××× 题？那道题明明更典型。相同的出题逻辑，剑桥第三册 ××× 页的第 × 题也是，考试委员会的公开模拟题集第一套第 ××× 页，第 × 题也是……

我当场目瞪口呆，因为郝斌老师面前什么复习资料都没有，没有习题集，没有笔记本，只有一张空空的桌子。他不需要借助任何辅助手段，就能随口说出几乎所有出现过的考题！

等到后来真正入行了我才知道，这其实只是优秀培训师的基本素养之一，他们对于自己的专业无比娴熟，闭着眼睛讲都能告诉你某一页上的某道题讲的是什么，这道题与其他题目之间有什么关系、是不是足够典型、需要掌握到什么程度。因为这些题，他们已经不知道做了多少遍、讲了多少遍，已经形成了肌肉记忆。

而这，仅仅是优秀培训师的基本功而已。

那天走的时候，我问郝斌老师，我要怎么做才能像他一样专业？他笑笑说，回去把所有的习题先做 10 遍。

我收起了轻慢和小聪明，不得不承认，之前确实小看了这份工作，想要做一个优秀培训师，没那么简单。而郝斌老师给我树立了一个非常优秀的榜样，会让我想成为他这样的人。

自信源于专业，

专业就是

背后默默地付出

和大量的积累。

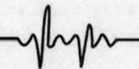

其实你并不必做什么惊天动地的大事，让很多人注目。只是在自己的领域，把事情做到极致，让别人感受到你的极度专业，已经足够令人敬仰了。

我开始一遍遍地做题，按照郝斌老师说的，做满 10 遍。

第四次面试，还是没过，我回去又做了 10 遍。

第五次，还是没过，我又做了 10 遍。

在第六次面试之前，光是真题，我已经做了 30 遍。

我终于理解了，自己之前的想法有多么幼稚。

我终于明白，原来站在学员的立场，题目做错了改正就行，一知半解蒙混过关没问题。可站在老师的立场，如果你对知识点掌握得不够扎实，那么既无法在课堂上讲透例题，也无法回答学员们的提问。换句话说，那片讲台，你根本站不住。

自信源于专业，专业就是背后默默地付出和大量的积累。

终于，第六次试讲，我讲到一半，郝斌老师打断我，对我说："你过了。"

但我当时没有感到丝毫的喜悦，而是处于一种呆若木鸡的状态，头脑里想的只有一件事：我后面还有好几个知识点没讲呢！

郝斌老师说，哪怕不听完，也知道我准备好了，我的内容里没有了自以为是的幽默、东拉西扯的废话，只专注于把题讲好，这才是对的。

试讲结束后，他请我吃了顿饭，当然也不是什么很贵的大餐，就是街边的盒饭。

我向他请教："我觉得你让我做的事情是对的，把题讲清楚是对学员最负责也是最好的做法，但为什么外界认为新东方是一个'段子集中营'，老师都必须风趣幽默、博征旁引呢？"

郝斌老师是这么回答我的。

我希望你做到的，是最基础的。部门里优秀的老师未必是课堂气氛最活跃的，但一定是最能帮学员快速提高分数的，这点在最终的打分上会体现出来。有的老师在课上东拉西扯，不好好讲题，学员听得很爽，回去发现题还是不会做，就会给低分；而那些把题目讲得很扎实的老师，哪怕课堂上并没有什么欢声笑语，学员们回去发现题目都能做对，最终会感谢这样的老师。

我问："你希望我做第二种老师，是吗？"

郝斌老师说："我希望你做第三种，既能讲好听，又能有很好的课堂气氛。"

我有点不明白，你不是不让我讲笑话吗?

他说："你不应该讲笑话，但你可以讲好笑的话。"

我又蒙了，笑话与好笑的话，有什么区别?

郝老师笑了笑，这样对我解释道。

所谓的笑话，就是有起承转合，要设置很多的情节和铺垫，最后要把埋的梗给爆出来，英文叫作 punchline；而笑话往往和你要讲的内容无关，还很浪费课堂时间。所谓好笑的话，就是借着你的例题，稍微带一两句有趣的话，可能是学员之前做错的答案，很离谱但很有意思，也可能是一个谐音梗，或者某个有趣的逻辑，借着题目讲完之后的轻松氛围一带而过，大家心领神会即可，不一定要达到哄堂大笑的程度。毕竟一节课有 3 小时的时间，是非常紧凑密集的，学员容易疲劳，轻松笑笑，既调整了课堂气氛，也能帮助他们用更好的状态进入下一道题的学习和讲解。

这次的经历，让我明白了两件事：第一，好的例题，必须百里挑一，背后下大量的功夫和时间的沉淀；第二，不要讲笑话，但可以讲好笑的话，优秀的培训师能够兼顾课堂的信息密度和气氛。

这也是我从一个外行的视角看这份工作，和资深的培训师看待这份工作的本质不同。我之前是带着某种"成见"去理解的，能够粉碎这些成见的认知，恰恰是最有价值的洞察。

后来我成了一名职业写作者，也会发现从外行视角和内行视角来看待写作这件事，有多么不一样。关于对写作的"成见"，在这章的开篇我已经讲了很多，这里不再重复。

找不足

找不足与找亮点是相对应的。

找亮点是看什么事情做对了，找不足是看什么样的需求还没有被满足，什么事还能做得更好。

举一个我带过的学员创业的例子。

这位同学原来在新西兰做程序员，2006 年回国，想做点事。那时候网购刚刚兴起，他觉得有的做，就在淘宝网上开了一个店铺。

他生活在嘉兴，那里是全世界最大的旅行箱生产地，很多大牌旅行箱都是在这里生产的，所以他决定开网店卖旅行箱。作为一个既没有工厂又没有技术的淘宝店主，怎么才能把箱子卖好呢？

他从一个特别有趣的地方入手，那就是在淘宝网上翻看关于旅行箱的差评。

然后他发现，用户的问题集中在旅行箱的轮子磨损太快，但是买回来使用后，一般都已经过了可以退货的时间，所以用户只能接受现实，最多在评论里发泄一下自己的不满。

他意识到，这件事值得被重视。于是他就联系厂家，开始尝试改进旅行箱的轮子。

最早的旅行箱其实是没有轮子的，因为长途旅行曾经是贵族和有钱人的特权，普通人负担不起，贵族有仆人驾着马车出行，这是身份的象征。贵族不用自己驾驶马车，更不用亲自拎箱子，都是仆人代劳，所以从前的旅行箱都是不带轮子的，至今在很多奢侈品的经典设计中，箱子依然不带轮子。

旅行箱上装轮子这件事情出现在什么时候？

你可能想象不到，是在 20 世纪 70 年代。那时因为航空业的普及，飞机票价的降低，普通人有了大规模长途旅行的机会。但一般人肯定没有仆人给拎箱子，所以生产商第一次给旅行箱装上了轮子，使它们拖起来方便、省力。

最早的旅行箱都是单片轮的设计，就是四个底部角，只有其中两个角装有轮子，拖的时候要把箱子斜过来拉，这样的受力导致轮子磨损得很快。

这位学员的第一个改进，是把轮子从两个角增加到四个角，并且把单片的轮片改成了双层的轮片，就是现在我们经常看到的旅行箱的样子。

更有意思的是，他给这种改进起了一个有趣的名字——飞机轮，因为飞机的起落架就是这样的结构。

我问他，为什么会想到把它叫"飞机轮"？

他说当时查了数据，在2006—2010年的5年间，中国坐过飞机的人口不到1亿。这么大的一个国家，十多亿人口，真正坐过飞机的人只是少数。没坐过飞机没关系，人都渴望美好的生活，拥有更先进的东西，哪怕没有出过国，买个旅行箱用的是飞机轮，是不是听起来就很吸引人？

就是这一个改动，他的淘宝店销量直接飙升。

后来，他又对旅行箱做了很多改动和迭代，比如改进旅行箱的锁。之前，人们要为箱子买一个小的铜锁并扣上，有时丢了钥匙很麻烦，改进后，用户可以直接把拉链摁进锁扣里，用数字密码进行保护。

他延续了"飞机轮"的起名逻辑，这种数字密码锁不叫密码锁，而叫

"海关锁"。因为很多人没有出过国，买一个带海关锁的旅行箱，听起来会时尚很多。

之后，他还对旅行箱做了很多改进，包括给旅行箱的提手安装硅胶防滑把手，方便用户抓握。

就是靠着这样的微调和改进，他店铺的销量不断飙升。后来连续好几年，他的店铺都是淘宝"双十一"的箱包销量冠军，很多店铺也开始模仿他的创新，如"万向轮""登机箱"等，保证了现在中国制造旅行箱的优良使用体验。

而他找到改进方向的洞察，就是从翻看差评开始的。

你不妨想一下，工作和生活中有什么是让你感觉不方便却只能默默忍受的，这不但是找到洞察的起点，也是很多专利发明的机会。不管是汽车里放杯子的水杯托，还是咖啡杯外面隔热的纸套，其实都是从"找不足"中得到灵感的。

如果你想成为一个有行业洞察的人，那么找亮点、找成见和找不足这三个方法，足够让你的视角变得独特而犀利，也会让你有源源不断的写作素材可以使用。

04

第 4 章

成名的坚实内核

怎样才能提升阅读速度

你会觉得自己的阅读速度不够快吗？

你希望做到一目十行、一天一本书甚至读完更多吗？

我能做到一天读完一本，简单一些的书，一天读完两三本都不是问题。

身边很多朋友都羡慕我的阅读速度，他们最常问我的问题是："怎样才能提升阅读速度？"

我的回答是，阅读速度根本不重要，读得慢，是因为读得少；读得多了，自然就快了。

大部分人都不相信这一点，在他们看来，读得多与读得快好像没有什么关系。甚至有人觉得我是藏私，不愿意把快速阅读的经验分享出来。

我不妨先说说关于所谓"速读"这件事的骗局。

像什么量子速读之类的，纯粹是个笑话，谁都别当真。

"遇事不决，量子力学"，这简直像是一种黑色幽默，但也恰恰说明，提高自己的阅读速度、丰富自己的信息量是一个真实存在的需求，而且很强烈。毕竟如果是人们不在意的东西，骗子也无计可施。

其他一些号称能提高阅读速度的培训，建议你也慎重选择，原因有二：一是关于人的生理条件限制；二是关于练习方法。

先说人的生理条件限制。

在生理上，阅读速度受到人们视觉范围的限制。

按照如今最前沿的脑科学和认知科学的研究，人类一秒能接收信息的带宽只有 100~200 比特[1]，而视网膜能够真正覆盖的区域，也只有眼睛前方大约 1° 角的范围。

这是什么概念呢？你可以把手臂伸直，举起食指，食指所覆盖的范围就是 1° 角左右，只有那么一点。

你会说："不对啊，我看到的图像比这个宽多了。"对，但那是你的

---

[1] 吴军. 吴军阅读与写作讲义［M］. 北京：新星出版社，2021.

错觉，其他的视觉部分，其实是你的大脑合成出来的。魔术师很了解人们这种生理上的视觉缺陷，这就是为什么魔术师敢在你面前玩"花招"，因为你其实是"视而不见"的。

况且，我们的注意力并不能完全集中，这就造成了实际接收信息和处理信息的速度比理想值慢很多，一次也就能看清楚四五个汉字而已。

注意，这是我们的生理限制，在目前的技术条件下，基本是无法突破的。

我们能做的，只有在方法上下功夫，这就是我要说的第二点，也是一般速读班里会教给你的练习方法。

练习方法通常有三种：略读、跳读和不回溯。

所谓略读，就是只看大概，能够在一篇文章里找到主旨，通常是只读开头和结尾，而选择忽略其他细节的阅读方法。不少结构性强的内容是可以这样阅读的，比如新闻、论文、杂志的专栏文章等。略读有助于提高效率，但只适用于查阅资料，相当于把一个查资料的技术借鉴过来。

略读并不适用于正常阅读。

第二种是跳读，就是大段大段地跳过内容。你可能会觉得，这不和没读一样吗？这怎么行？

其实是可以跳读的，我经常会跳读文章，但具体怎么跳着读，我会在后文展开。

最后一个是不回溯。这是什么意思呢？

你可以将回溯理解为，跳回去读之前的内容，英文为 regression。如果我们一读到底，不回头读之前的东西，那么既不会浪费时间，也不会停下卡住，阅读速度岂不是提高了吗？

但这么做是错误的。

之所以要回溯，是因为我们的大脑需要进行纠错和确认，以便我们能理解接收到的信息。哪怕是再高效的阅读者，也会经常在读书时出现回溯的情况，这是阅读不可缺少的一部分。仅仅为了提高速度，放弃了对信息的理解，即便读得再快又有什么用呢？

我们需要的是更好地理解信息，而不是速度本身。一味追求速度岂不是舍本逐末？

这么看来，速读班能教给你的东西真的很有限，更多的时候，你可能只是享受了一种"在学"的快感和"学会"的错觉，并没有真正掌握核心技术。

那么，想要提高阅读速度，到底应该怎么做呢？

我的答案是：一个字一个字、一页一页认真读。

我没有见过任何一个喜欢阅读的人会刻意追求阅读速度，他们只是在大量阅读的过程中，自然而然地提高了阅读速度。

换句话说，高速阅读是大量阅读的副产品，不是目的。

你不可能让一个还在蹒跚学步的孩子参加长跑比赛；同样地，你也不要指望读得少还能读得快。

就以我读第一本英文小说的尝试为例，我选择了海明威的《老人与海》，因为那时候年龄还小，听说海明威的写作风格很简洁，我就异常天真地误认为他用词简单。结果我算了一下，读完一页，除了介词和冠词，我没有查字典的单词，只有 4 个。

当时在读高中的我花了整整半年的课余时间才读完这本小说。如果你问我记住了什么，我会说什么都不记得，全忘了。但这给了我信心——阅读的信心，当我读完第一本英文小说，就是在为未来的自己发送一个强烈的信号："我可以做到！"

之后无论读侦探小说、"哈利波特"系列，还是阅读大量外刊找素材、写专栏，都建立在那本被我写满了注解的、薄薄的《老人与海》之上。

这还是英文的，更别说中文的了。

我前面说过，我是从阅读小说起步的。

我身边有很多这样的例子。我的高中同桌是个言情小说迷，经常在上自习时看言情小说。她的读书速度让我叹为观止，经常是中午出去借五六本小说，下午放学前就能看完。

她看书是翻开一页，从上到下拿手指指着书页的中间扫一遍就翻过去了。我开玩笑说她翻书比翻脸快 10 倍。

有一次，我忍不住和她探讨，这么看书能看明白吗？

她说，言情小说大多是这个套路，不需要每个字都看，扫到一些关键词，就知道剧情走向了，所以能看得很快。

这并不是句玩笑话，后来我也体会到她说的这种超快的阅读速度，当我看完上百本武侠小说时，也可以一目十行地阅读，而不会担心漏掉什么关键情节——小说的创作确实是有套路的。

如今，我看小说，基本上是一天一本；有些轻小说，我一天可以看完 3~5 本。

你可能在地铁上看到有人拿着手机看连载的网络小说，翻页的速度快到让你怀疑他到底有没有看清楚文字。我能理解这种状态，一个人之所以读书读不快，大多是因为读的量不够大。量变引起质变，这个原理同样适用于阅读速度的提升。

一开始是小说，现在是很多商业类图书，我也能做到一目十行，甚至可以大段大段地跳着读，几十页快速翻过去不用看。当你看多了之后，很多案例和实验都是重复的。比如，讲到心理学领域的研究，"服从权威实验""斯坦福监狱实验"和讲延迟满足的"棉花糖实验"出现的频率就会非常高，你看过几遍后，已经知道是怎么回事了，就不用细读，直接跳过去也没有任何损失。

当然，这必须建立在你对一个领域有比较深的了解并且做过大量的阅读的基础上，跳读是一个自然而然产生的技能，它促使你只会对新鲜的案例和不曾出现的结论感兴趣。

就像朴树歌里唱的："我曾经问遍整个世界，直到看见平凡才是唯一的答案。"

想读得更快，只有"多读"这一条路。一开始慢一些也没关系，关键在于，先学会行走，再想着奔跑。

再次强调：高速阅读是大量阅读的副产品，不是最终目的。

什么样的书值得读

不管做演讲还是写作，一个非常重要的问题是，素材和知识从哪里来？

这个世界上的知识大多存在于三个地方：你自己的头脑里、别人的头脑里，以及书本里。

我们要做的，就是从自己头脑之外的两个地方获取新的知识和信息，把它们嵌入自己的知识体系后再输出。

因此，阅读和向他人请教就是最优路径。

前面我们讲了如何提升阅读速度，接下来，我从自身的经历出发，分享一些关于选书的经验。

首先，什么样的书值得读？

一开始，我并没有什么特别的阅读偏好，甚至没有想过用阅读来构建自己的知识体系，纯粹是上学时出于对教材的不耐烦和对标准答案的反感，把课外阅读当作一种逃避和消遣，所以读的都是武侠、科幻、侦探类图书，主要是情节非常紧凑、刺激的小说和故事。

这激发了我对阅读的兴趣。

我知道很多家长希望孩子养成读书的好习惯，买了一大堆世界经典名著，结果它们大多变成了"聋子的耳朵"，纯粹是摆设，孩子根本不看。

经典虽好，难啃也是真的。

正所谓"己所不欲，勿施于人"，如果想让孩子阅读这些经典，家长不妨扪心自问，自己是不是读过这些书、能不能读下去。如果自己都做不到，就别说让孩子啃了。

小时候，父母给我买过全套的四大名著和西方经典小说，从狄更斯的《双城记》到艾米莉·勃朗特的《呼啸山庄》，从梅尔维尔的《白鲸记》到海明威的《丧钟为谁而鸣》，我只草草翻过两页《双城记》，发现看不下去，就再也没有读过。

经典往往意味着有年代感，与如今的现实有距离，读不下去是正常的。

我第一次真正读完《白鲸记》，已经是 30 岁之后的事了。

作家贾行家老师对"经典"有个很"经典"的说法："所谓'经典'就是到了一定年纪，不好意思说自己没读过的书，哪怕第一次读，也会对别人说，我这是在重读。"

这句话透露了两层意思：一是经典确实是好的；二是经典也是真的难读，所以其实大部分人都没有读过。

我们在一开始需要建立和细心维护的，其实是对阅读的兴趣，而不是追求阅读的深度，这只会让人望而却步。

我读得如痴如醉的，是卫斯理的科幻小说，是金庸、古龙、温瑞安的武侠世界，是《金田一少年事件簿》的侦探故事，还有王朔幽默风趣的现代都市小说。

这样的阅读兴趣从初中开始，一直持续到大学，那时候，家长和老师越觉得是闲书的"书"，我们越是读得起劲。私下里传阅的还有大量的漫画，像《七龙珠》《灌篮高手》《乔乔奇妙冒险》，基本上能找到的，我都看了个遍。

你可能会说，这算阅读吗？这不就是纯娱乐消遣吗？总读这些东西能有什么长进？

我的回答是，不要小看这些消遣读物，这恰恰是建立阅读自信的第一步。人们消遣的方式有很多，你可以运动，可以追剧看电影，还可以上网聊天、打游戏，但当一个人选择把看小说作为消遣的时候，恰恰证明这个人是有可能把阅读作为一种习惯来养成的。

如果换个角度，把阅读当作一种技能，就像学钢琴、打篮球、搞编程一样，那么入门的第一步是什么？

是上手就弹肖邦的成名曲吗？是抄起篮球就扣篮吗？是上手就编出一个神奇的算法改变世界吗？

不是，是先建立对这项技能的兴趣！

俗话说："兴趣是最好的老师"，没有乐趣的事，谁能坚持呢？

如果一开始就拔苗助长，试图一步建立对阅读的高级趣味，培养出卓越的阅读习惯，失败的可能性几乎是 100% 的。

完全不用担心这些消遣读物没有营养，当读到一定程度，就会感到无聊，因为已经摸透了故事的套路。看了开头就能大致猜出结局的时候，一个人自然会开始探索其他领域。

我在进入大学后，读的书从流行小说慢慢向厚重的内容上迁移了，原因很简单，流行小说太"薄"了，不能满足我了。我读了茅盾文学奖的一系列作品，如《穆斯林的葬礼》《平凡的世界》《冬天里的春天》《白鹿原》《尘埃落定》等，能品出这些故事的"味道"来了，所以即便没有人逼着我读，我自己也会主动一本接一本地读下去。

现在流行的虚拟现实（VR），其实早就出现了，人类最早的虚拟现实产品就是书。书本就像是个 VR 设备，让你拿起来就会沉浸其中，只不过现在的 VR 眼镜是设计好了画面让你看，而书这样的 VR 设备要你自己脑补和想象。

只要读进去了，那种沉浸式体验会让人欲罢不能。在这些故事里，我们或骋怀游目，得以体味民情土俗；或鉴古知今，得以学史明智，种种体验极大地拓展了生命的宽度和深度。

但是，如果你让我在读初高中的时候读这些书，我肯定读不下去。

阅读的兴趣是需要培养的，培养出了兴趣，我们才能由此逐渐构建起阅读的品位。

当我读腻了小说这种类型的书，自然就会涉猎杂文、散文、社论等。

直到现在，我读过的书已经有好几千本了，但我依然很庆幸当初坚持从故事开始的阅读体验，让我对读书没有畏惧，满是快乐和欣喜，也不必按照谁给出的路线，就这么自然而然地生长，从简单开始，读到厚重，从一个领域，读到越来越多的领域。

如果你问我什么书值得读？

我的答案是，只要是你感兴趣的书，都值得读。

想提高阅读效率就盯准作者

如今，我们面临的现实是，全世界每年出版的图书超过 200 万本，互联网上更是信息爆炸，我们的阅读速度再快，也赶不上信息产生的速度。因此，我有一条非常有效的阅读经验分享给你：想要少走弯路，多读好书，就要跟准好作家。

科幻作家史特金说："任何行业里真正优秀的东西只占 10%，剩下的 90% 都是垃圾，不值得花时间。"这后来被戏称为"史特金定律"。

这句话虽然刻薄了一些，但基本是实话。

我自己在选书时也踩过不少坑，毕竟人的一生时间有限，即使天天都读，最终能读到的书也不会特别多。而一本好书和一本劣书的差别，不仅在于是否会浪费你的时间，更在于能否给你带来启发和新的视角，让你对这个世界了解得更多，看得更清楚。

我一度根据媒体的推荐买书看书，从报纸上的书评到公号上的书单，还有各种网站的评分和推荐语。说实话，水分不少，好的不多。有些书吹得天花乱坠，买回来一看，发现有用的没几句，读来让人生气。

后来我会找一些知识渊博、读书多也会读书的朋友，问问他们的阅读清单，请他们推荐值得读的好书。一下子，我选书的效率提升了一大截，选书时我大概率不会踩坑。

就像之前说的，知识除了存在于自己的头脑中和书本中，在别人脑中的也非常丰富，要充分利用好。你来不及读的书，别人替你读完并做了筛选，再推荐给你，因为不存在利益冲突，不是为了把书卖给你，所以质量有保证。

这里还有一个小诀窍，就是不要让对方一次推荐太多的书，我通常会问："哪些书对你的世界观产生了影响，令你印象深刻，推荐一下，最好不要超过三本，能推荐一本是最棒的。"

经常有人让我推荐书，就是向我要个书单，我认为这是非常低效的，哪怕你按图索骥，把书买回家，面对几十本书，你也会挑花眼，不知道该先看哪一本，最后干脆一本都没看。

在一些讲座活动上，看到有人在 PPT 里列一大堆书，三四十本的推荐，事后我问他："这些书你都看过吗？"对方的回答是"没有"。我问："那你为什么要推荐呢？"对方不说话。

我特别反感这种推荐方式，这是非常不负责任的行为。

我们都知道贪多嚼不烂，饭要一口一口吃，书也要一本一本看，你让每个人只能推荐一本，其实也是在逼对方列出优先级，把最好的东西挑选出来，这样我们才好掐尖。

在看了大量的书之后，我发现了一个更高效的选书办法，那就是把一个好作家的书一本本地读下去。

首先，一个作家的写作风格是固定的，甚至是有自己习惯的套路和用词，一开始你读这位作家的书可能会读得比较慢，甚至比较吃力，但熟悉了之后，就会越读越快。

其次，作家使用的素材也会重复。

举个例子，马尔科姆·格莱德维尔的《陌生人效应》是一本新书，但这本书的 268 页到 313 页，很多观点和素材来自作者的《大开眼界》。而恰巧我之前读过了《大开眼界》，所以《陌生人效应》中这几十页的内容，我是快速浏览并且跳过的。

这并没有什么技巧，仅仅是因为我读得够多了。就像一个导演会不断重复自己的拍摄手法一样，一个作家的写作方式也是有章可循的。看得越多，就越熟悉，甚至你自己也会在不经意间受到影响，开始模仿。

人生有限，

多读好书，

跟紧好作者，

可以让你

事半功倍。

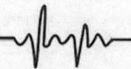

越是优秀的作家，对于写作的投入程度就越高，越值得长期信任。日本作家村上春树在《猫头鹰在黄昏起飞》里说过，作为一个职业作家，他不能保证自己每天的创作都是精彩的，也不能保证自己的每本书都是精彩的，但为了让自己能写出精彩的作品，他不会停止努力。每天早上起来晨跑，保持自己的精力和体能，日复一日年复一年地笔耕不辍，这是村上春树与读者建立信任的方式。哪怕新的作品没有让你满意，但是你可以信任一个对自己有要求、不停进取的作家，他的下一本书还是可以放心购买。村上春树称它为与读者之间的羁绊和信赖。

没错，这样的作家，哪怕每每与诺贝尔文学奖失之交臂，也依然是无冕之王，始终会有一批信任他的读者追随着他。

我们为什么应该追随好作者？很简单，好作者都"要脸"，会对自己的作品负责，卖出去糟糕的书被读者嫌弃，比干脆卖不出去更让他们难受。

除了像上文提到的村上春树、马尔科姆·格莱德维尔，小说类作者我会推荐刘慈欣、双雪涛，非虚构类作者，像纳西姆·塔勒布、史蒂文·约翰逊、斯科特·亚当斯、希思兄弟、克莱顿·克里斯坦森、蒂姆·费里斯、万维钢等，他们的作品都是你可以闭着眼放心买，不会踩坑的。

人生有限，多读好书，跟紧好作者，可以让你事半功倍。

读完了书，记不住怎么办

关于阅读，另一个常见的困扰是前读后忘，读完后感觉和没读过一样，什么都记不住。

你会认为这是自己记性不好或者太笨导致的吗？

别为难自己，读完了书，记不住是常态。我也这样，这个问题至少困扰过我半年多的时间，让我怀疑自己是不是太蠢了？为什么就不能像古今中外的大才子一样，不仅能一目十行，还能博闻强记、过目不忘？

帮助我让我想明白这个问题的，不是作家，而是物理学家理查德·费曼。

费曼有这个世界上公认的聪明头脑，他是 1965 年诺贝尔物理学奖得主，而且人长得帅。

相比同时代的其他科学家，费曼不仅在学术上成就斐然，还有一个非常厉害的能力——与公众打交道的能力。当人们觉得科学家讲的东西总是太过深奥、很难理解的时候，费曼却可以用深入浅出的平常话语把复杂的科学问题讲明白。

一个速记员甚至问费曼："为什么其他物理学家的发言我都听不懂，您讲的我却完全能听懂，您到底是不是物理学家？"

这可能是个段子，却说明了我们对学者的刻板印象，也说明了费曼多么与众不同，如果你一直在讲别人听不懂的话，别人又怎么能理解你，更别说支持你了，不是吗？

费曼就懂得这个道理，并且践行得非常好。这就是为什么他的公众知名度远超同时代的其他物理学家。

费曼的光鲜事迹之一，就是受美国政府的委托，调查"挑战者号"爆炸事件。

当年，这是一件轰动全球的事故，7 名宇航员全部遇难，全世界都在等待一个解释。

最终问题聚焦在火箭助推器的 O 形橡胶密封圈上，这个密封圈的作用是防止火箭发射时产生的高温气体漏进燃料舱引发爆炸。在"挑战者号"发射当天，低温低到了 0℃ 以下，橡胶的密封圈失效，最终引发了火箭爆炸。

费曼并没有用专业术语和枯燥的流程来向公众解释这件事，而是在新闻发布会现场做了一个实验。他把 O 型密封圈丢进冰水里浸泡了一会儿，随后取出，人们看到密封圈上留下了镊子夹取的痕迹，产生了缝隙，几秒后，橡胶的弹力才复原。

这个实验完美解释了"挑战者号"发射失败的原因，费曼甚至连"高压燃料涡轮泵失灵"这样的表达都没用，只是用最简单的实验，直观地展示了密封圈因为低温失灵导致高温气体进入了燃料舱接触火箭燃料从而引发了爆炸这件事。

人们都相信"眼见为实"，能想到这一点，并且设计出这么简洁的演示，这就是物理学家费曼的过人之处。这个"冰水实验"也被誉为近代科学史上最美妙的实验之一。

说了这么多费曼的厉害之处，他与我们怎样记住自己读完的书有什么关系呢？

像费曼这么厉害的人，一定有着自己的一套处理信息、吸收知识的方法。这就是著名的"费曼学习法"（Feynman Technique）——学任何东西，如果你能用简单的话、用自己的话，不带行话术语，无论说给 80 岁的老太太还是 8 岁的小孩听，他们都听懂了，你就把这个概念搞明白了。

你会发现，不管"冰水实验"还是费曼平时和大众交流的方式，都完全符合这个方法。

费曼学习法的核心总结起来，其实只有八个字——以讲代学，教学相长。

我们之所以看了很多书记不住，大多是因为没有知识应用场景，没有检验自己学过的知识，也就不知道到底掌握了多少，哪里没有学明白。学校里用考试、测验的方式来检验学习成果；离开校园后，我们反而缺少了检验机制，知识看过也就看过了，没有强刺激来加深记忆，也没有具体的场景来检验效果。

费曼学习法的重点在于，让你逼自己输出，不是背诵，而是把知识处理成自己的语言，用别人能听懂的方式讲明白。

想讲明白的前提，是先想明白。

你看中文很有意思，在"教学相长"中，"教"是放在"学"前面的，我自己的体会也是，对于一个领域，在教学的过程中，教的那个人得到的收获和进步往往更大。

我自己做老师最大的感受是，学生时代的自己真幸福啊。哪里没学明白，混过去就算了，考试题目做不出来，一咬牙一狠心，这分我不要了！但当我往讲台上一站，要教的东西自己还没搞明白，就没有底气开口说，更怕被下面的同学问住了，因此就得逼自己深入钻研透才行。

教别人，自己的进步反而更快。

读书也是这样的，我之前记再多的读书笔记，效果都不如在讲台上给别人讲一次，或者吃饭的时候和朋友们聊一次。书本上单一视觉维度的知识，在经过大脑处理后，又用嘴讲了一遍，用自己的耳朵听了一遍，加上别人和你的交流讨论，这至少是 3 遍以上的重复加固，效果绝对好。

自从掌握了费曼学习法，我就不再担心自己读完书后记不住了，读完一段有趣的内容，我会想方设法在各种场合多讲几次，就像脱口秀演员在开放麦磨段子一样，越讲就记得越清晰，越讲记得越牢固。

时间一长，别人误以为我出口成章，各种案例、典故、金句随口就来。这其实都是拜费曼学习法所赐，也和我们前面说过的"重复次数越多，效果越好"是契合的。

如果你也有"读过的书却记不住内容"这样的困扰，那么试试费曼学习法，找人多讲，很快你就会发现自己的进步一日千里。

如果你也对费曼先生感兴趣，那么我推荐三本书给你：《别闹了，费曼先生》《发现的乐趣》和《你管别人怎么想》，或许你也会喜欢上这个无比聪明又异常有趣的"非典型"学者，他真的是个妙人！

"采访"是一件利器

除了利用书本拓展自己的知识，向高手请教也是一个非常管用的方式。

通过"采访"，你既可以获得新鲜知识，还可以与高手建立联系，拓展自己的人际关系。

书的确是个好东西，书中的内容都是被验证过的知识，还要经过编辑和审核，内容经得起考验。不过出书流程却很长，有的好书，从开始写到面世，快的话两三年，久的话十年都是有可能的（你手中的这本书前后就花了两年多的时间）。

出版需要时间，意味着内容会有一定的滞后性，也不能保证被写进书里的就是现在市面上最鲜活的知识，这点在商业类图书里尤其明显，可能半年过去，商业模式都已经更新迭代了，但书里的内容还来不及修订。

这时，找人请教是最好的选择，最新鲜的、没来得及写进书本里的知识，都存储在人的头脑里，通过采访直接获取是最有效率的。比如你要运营短视频账号，想要获得更多的平台扶持和推荐，或者想要了解现在各个平台到底用的是什么推荐机制，是人工推荐还是机器推荐？推荐的逻辑是什么？你就应该找现在正在做这件事，而且做得不错的人请教，他们的头脑里有最可靠的信息。

你可能会说，这些人为什么愿意分享呢？

除了有保密或特殊要求的情况，在大部分时候，人都是乐于分享的，更重要的是，千万不要把采访看成单方面的索取。我的经验是，成功的采访是一次共赢，采访者通过提问，从外行的身份来观察，恰恰能够给内行提供崭新的视角，帮助内行梳理自己的方法论，打破"知识的诅咒"。

如果你能从这个视角看待采访，就更有理由做好采访，而不是担心采访变成单方面的索取了。

以我的经验来看，哪怕是你认为很难接触的对象，比如很多行业的大咖和名人，虽然找他签名确实很难；但是如果你说要向他请教问题，约他采访，对方会很乐意，人都有"好为人师"的心理。这里的"好为人师"并不是贬义词，而是一个褒义词，指愿意当别人的老师，愿意把经验分享出来。我们反感的并不是别人"好为人师"，而是这个"老师"没有太多值得讲的东西，还絮絮叨叨，讲的全都是老生常谈、正确的废话。

行业里真正的高手很少这样，他们思维清晰，逻辑缜密，说起自己喜欢的专业滔滔不绝，还非常有洞见。对这些人来说，平时向他们请教的人不是太多，而是太少了。能够遇到优秀的采访者，在棋逢对手中激发思维，对高手而言是求之不得的。

这也要求你必须事先做好功课，不要问的都是肤浅的问题，甚至可以把做好的功课资料直接带到现场去，让对方感觉到你的认真和诚意，这会给这次采访加分。

你可能会说，如果对方就是说不出什么有价值的信息呢？

那只能说明，他是个名不副实的"专家"，在采访时被你抓了现行，这难道不是让你很有成就感的事吗？以后就可以不用再在这位"专家"身上浪费时间了。

如果你成功地完成了对高手的采访，对方也觉得和你相谈甚欢，认为你不但做足了功课，也给对方带来了新的价值和启发，那么你们之间的关系自然就会建立起来，甚至可以是长期互动的关系，以后有这个领域的问题，你可以直接向这位高手请教。

采访就是向高手取经的机会，也是双向认可彼此价值的机会。美国著名的企业家和作家蒂姆·费里斯，就不停地在自己的播客上采访那些厉害的人，包括扎克伯格、施瓦辛格、马克·安德森、凯文·凯利这样的成功人士，然后把采访所得写成了一本大部头的书——《巨人的工具》，不但帮助了很多读者，还与这些名人建立了良好的关系。

现在很多人会参加各种各样的活动，这其实对成名没有任何好处，完全是在浪费时间和金钱。你通过某个活动加上了一位大咖的微信，也只不过是躺在对方的通信录里等待着有一天被删除。

因为真正的人际关系不是加微信加出来的，是靠对等的价值交换被认可的。

20多年前，山西娘子关一家火力发电站的一位工程师，在工作之余创作科幻小说，身边同事没有人知道他的创作，这位工程师名叫刘慈欣。一直到《三体》誉满全世界，刘慈欣的同事还拿着书对他说："老刘，这个作者和你同名嘛。"

曾经默默无闻的火电工程师，并没有加入那么多的社交圈，但《三体》这部小说的出名让很多人都以认识刘慈欣为荣。

在作品被认可前，不管怎么迎来送往、社交公关，都没用。等到你的积累够了，作品过硬被认可了，你有价值了，不用主动去社交，需要的人会自动向你靠拢。

"临渊羡鱼，不如退而结网。"用实力说话，比社交之类的做法管用。

用好采访，尽情武装你的头脑，拓展你的人际关系。

参考文献

［1］ 艾·里斯，杰克·特劳特. 定位：争夺用户心智的战争［M］. 邓德隆，火华强译. 经典重译版. 北京：机械工业出版社，2017.

［2］ 艾·里斯. 聚焦：决定你企业的未来［M］. 寿雯，译. 北京：机械工业出版社，2014.

［3］ 奥赞·瓦罗尔. 像火箭科学家一样思考：将不可能变为可能［M］. 李文远，译. 北京：北京联合出版公司，2020.

［4］ 丹·希思. 上游思维：变被动为主动的上游思考法［M］. 尚书，译. 北京：中信出版社，2021.

［5］ 蒂姆·费里斯. 巨人的工具：健康、财富与智慧自助宝典［M］. 杨清波，译. 北京：中信出版社，2018.

［6］ 蒂姆·费里斯. 每周工作四小时［M］. 鹤梅，译. 北京：文化发展出版社，2017.

［7］ 弗兰克·伦茨. 说话的力量：有效说服他人的策略和技巧［M］. 王晓鹂，译. 北京：中信出版集团，2017.

［8］ 高琳，林宏博. 故事力：用故事决胜人生关键时刻［M］. 北京：中信出版社，2020.

［9］ 荒木飞吕彦. 荒木飞吕彦的漫画术［M］. 曹逸冰，译. 北京：新星出版社，2018.

［10］杰弗里·米勒. 超市里的原始人：什么是人类最根本的消费动机［M］. 苏健，译. 杭州：浙江人民出版社，2017.

［11］杰克·特劳特，史蒂夫·里夫金. 与众不同：极度竞争时代的生存之道［M］. 火华强，译. 北京：机械工业出版社，2011.

［12］杰瑞·魏斯曼. 魏斯曼. 演讲圣经1：说的艺术［M］. 尹碧天，译. 北京：中国人民大学出版社，2012.

［13］杰瑞·魏斯曼. 魏斯曼. 演讲圣经2：答的艺术［M］. 闾佳，译. 北京：中国人民大学出版社，2012.

［14］杰瑞·魏斯曼. 魏斯曼演讲圣经3：臻于完美的演讲［M］. 黄杨勋，译. 北京：中国人民大学出版社，2012.

［15］克莱顿·克里斯坦森，泰迪·霍尔凯伦·迪伦，戴维·S·邓肯. 与运气竞争：关于创新与客户选择［M］. 靳婷婷，译. 北京：中信出版社，2018.

［16］李诞. 李诞脱口秀工作手册［M］. 南京：江苏凤凰文艺出版社，2021.

［17］理查德·沃尔特. 剧本：影视写作的艺术、技巧和商业运作［M］. 杨劲桦，译. 天津：天津人民出版社，2017.

［18］罗伯特·麦基. 故事：材质·结构·风格和银幕剧作的原理［M］. 周铁东，译. 天津：天津人民出版社，2014.

［19］罗伯特·西奥迪尼. 先发影响力［M］. 闾佳，译. 北京：北京联合出版公司，2017.

［20］罗伯特·西奥迪尼. 影响力［M］. 闾佳，译. 北京：中国人民大学出版社，2006.

［21］马丁·纽曼. 演讲的本质：让思想更有影响力［M］. 郑燕，译. 北京：中信出版社，2017.

［22］纳西姆·尼古拉斯·塔勒布. 反脆弱：从不确定性中获益［M］. 雨珂，译. 北京：中信出版社，2014.

［23］纳西姆·尼古拉斯·塔勒布. 非对称性风险：风险共担，应对现实世界中的不确定性［M］. 周洛华，译. 北京：中信出版社，2019.

［24］纳西姆·尼古拉斯·塔勒布. 黑天鹅：如何应对不可预知的未来［M］. 万丹，刘宁，译. 北京：中信出版社，2011.

［25］剽悍一只猫. 一年顶十年. 北京：北京联合出版公司，2020.

［26］普里亚·帕克. 聚会：如何打造高效社交网络［M］. 叶子，译. 北京：机械工业出版社 2020.

［27］奇普·希思，丹·希思. 行为设计学：打造峰值体验［M］. 靳婷婷，译. 北京：中信出版社，2018.

［28］奇普·希思，丹·希思. 行为设计学：零成本改变［M］. 姜奕晖，译. 北京：中信出版社，2018

［29］奇普·希思，丹·希思. 行为设计学：让创意更有黏性［M］. 姜奕晖，译. 北京：中信出版社，2018.

［30］奇普·希思，丹·希思. 行为设计学：掌控关键决策［M］. 宝静雅，译. 北京：中信出版社，2018.

［31］塞萨尔·伊达尔戈. 增长的本质：秩序的进化，从原子到经济［M］. 浮木译社，译. 北京：中信出版社，2015.

［32］史蒂文·约翰逊. 极速传染：打造上瘾型产品的4种思维［M］. 童玥，郑中，译. 天津：天津科学技术出版社，2020.

［33］史蒂文·约翰逊. 我们如何走到今天：重塑世界的6项创新［M］. 秦启越，译. 北京：中信出版社，2016.

［34］斯科特·亚当斯. 跳出你的思维陷阱［M］. 杨清波，译. 北京：中信出版社，2021.

［35］斯科特·亚当斯. 以大制胜［M］. 闻佳，译. 北京：中国纺织出版社，2021.

［36］唐纳德. 米勒. 你的客户需要一个好故事［M］. 修佳明，译. 北京：中国人民大学出版社，2018.

［37］万维钢. 高手：精英的见识和我们的时代［M］. 北京：电子工业出版社，2017.

［38］万维钢. 你有你的计划，世界另有计划［M］. 北京：电子工业出版社，2018.

［39］吴军. 格局：格局的大小决定成就的顶点［M］. 北京：中信出版社，2019.

［40］希娜·艾扬格. 选择：为什么我选的不是我要的［M］. 林雅婷，译. 北京：中信出版社，2019.

［41］亚当·格兰特. 离经叛道：不按常理出牌的人如何改变世界［M］. 王璐，译. 杭州：浙江大学出版社，2016.

［42］詹姆斯·斯科特·贝尔. 如何创作炫人耳目的对话［M］. 修佳明，译. 北京：中国人民大学出版社，2016.

［43］詹姆斯·C. 休姆斯. 像丘吉尔一样演讲，像林肯一样站立［M］. 瞿亮，译. 重庆：重庆出版社，2015.

［44］大卫·奥格威. 奥格威谈广告［M］. 高志宏，译. 北京：中信出版集团，2021.

［45］尼尔·德格拉斯·泰森. 给忙碌者的天体物理学［M］. 孙正凡，译. 北京：北京联合出版社，2018.

［46］保罗·柯艾略. 牧羊少年奇幻之旅［M］. 丁文林，译. 海口：南海出版社，2009.

附录 A　为什么听过这么多道理，却还是过不好这一生[1]

我用过去半年的时间，努力重启了一件东西——常识。

听起来很奇怪吧，常识难道不是所有人都有的吗，并且默认遵守的吗？为什么要重启呢？还需要花半年的时间？

从去年的 8 月 2 日说起吧，那天我辞掉了上一份工作，那天也是我非常难过的一天。

我感到无比的愤怒和沮丧，因为我觉得自己没有做好本职工作，没有坚持做自己认为对的事情，更重要的是，我辜负了我的学员。

事情是这样的，我的上一份工作是在得到高研院做打磨教练，每一届学员毕业时都会有一个正式的典礼，舞台很大，会从几千名学员里选

---

[1] 本文系作者在 2021 年《回响·开年演讲》中的压轴演讲，收录时略有改动。——编者注

10 人左右上台做一个演讲。这些人都不是专业的演讲者，是普通人，没有经历过这么大的场面，没有面对过几千人的观众。

我知道，不管谁站上舞台，都会想有个出色的表现，更何况是那么隆重的场合，他们都想让自己超常发挥，做出一个让所有人赞叹的分享。

我的工作就是训练他们上台，保证他们能有个出色的表现。

之前我一直都做得很好，直到 8 月 2 日那天。

那天，有一位演讲者在台上全面崩溃。

他是灯光行业的一位大哥，年纪不小了，在行业里也是有头有脸的人物，整个港珠澳大桥的灯光工程就是他们公司做的，他自身阅历也很丰富，完全可以做出一个极其精彩的分享。

听说在上台之前，他们行业协会的秘书长还打来电话，特意对他说："你可是代表我们行业上台，靠你啦！"他自己对此也非常重视。

可是他在台上失控了，既因为稿子的内容不够扎实，也因为没有进行充分的训练，甚至到最后他在台上已经完全放飞自我了，讲的内容与同步播放的 PPT 都对不上。那是一个很糟糕的分享。

一个人在台上的表现是不是足够好，他自己心里是有数的，不管别人怎么安慰"你发挥得很好啊、特别出色啊",都没用。你只要看这个人之后会不会愿意分享自己的这段演讲,就知道了。如果是个优秀的分享,他恨不能全世界都看到。如果表现得很糟糕呢?他自己以后都不愿意回忆。

大哥一下台就哭了。

虽然他不是我的学员,但那一刻我的心里特别难受。

听到这里,你可能会不理解,甚至会觉得我这个人太"圣母心"了吧?这个人甚至都不是我带的学员,他表现得好不好和我有什么关系?

不,我不这么认为。

如果台上的人是你的父亲、母亲,你的爱人、你最好的朋友,你愿意或者想看到他们难过、懊悔甚至痛苦的样子吗?

是,一届学员有上千人,我不可能每一个人都帮到,但最后能够站在大舞台上的也就那么几个人。他们把自己交给我们,期待我们能帮助他们打造一个人生的高光时刻。

对绝大多数人来说,被看到、被欣赏、被掌声包围的机会太少了,因此这样的机会才显得弥足珍贵,每一个上台的人都面对巨大的压力,他之所以会选择面对,是因为信任我们。

我却辜负了他，我对自己很失望。

我看过他的彩排，训练量严重不足，加上稿子被临时修改得太多，我估计他大概率在台上会失败。其实在上台之前，我有很多次机会可以帮助他：在走廊上擦肩而过他和我打招呼的时候；看着他独自面对墙壁发呆的时候；会场外，看到他坐在路边苦苦背稿的时候，我就从他的身边走过，我有那么多次机会可以做正确的事，我却什么都没有做。

因为我自己有"心魔"。

我会担心，这不是我的工作范围，如果我涉足了是不是多管闲事，是不是会让同事不舒服？

我会在意，我介入得太晚，这么短的时间，他最后失败了怎么办？

我会考虑，我的公司领导会怎么看待我的行为，因为之前他表达过对我训练方式的不理解了。

这些念头就像一把把锁，把我牢牢地捆在原地，让我动弹不得。

其实我内心的挣扎，早在 8 月 2 日之前就有了。

从我开始用我的训练方法送学员上台开始，质疑就没有停止过：你有必要一句句地改演讲稿吗？你真的需要让别人手抄稿子吗？你为什么一定要专门开个满是镜子的练功房纠正形体动作，就用一面镜子不行吗？

不仅是外界的质疑，我要训练的学员也同样不理解，每次让他们手抄稿子，我都不知道要费多少口舌，还得连哄带骗。

这些还好，如果在你特别尊重的人也不赞同你的做法时，你还能毫不动摇吗？

能够做到一往无前的，也许是一辆失控的跑车，也许是一种无情的算法，但一定不是一个正常的人类。

我其实经常会陷入自我怀疑。疫情期间，关在家里，这种自我怀疑一度到达顶峰。

我平时还算是个比较修边幅、会打理自己的人，但疫情期间，我整整三个月没有刮胡子，特别颓废。

就在那天，看到那位大哥崩溃的样子，我突然问自己："你有那么多顾虑，但这一切真的比做正确的事更重要吗？"

对啊，谁都知道要做正确的事，但为什么想要坚持这么难呢？

我相信每个人在想要坚持一些什么的时候，都会面对一个问题：你凭什么认为自己坚持的事就是正确的？

如果内心没有一个坚定的信念，那么我们在这个要命的问题面前根本坚持不了多久。

我过去之所以有这么多纠结和怀疑，正是因为回答不了这个问题，所以我选择了辞职。虽然我很热爱这份工作，但我必须找到答案。

这半年来，我看了很多书，和许多人交流，想了很多，最终我找到了那个答案，叫作"常识"。只要你的选择符合常识，你就是在做正确的事。

你可能会觉得："呵呵，就这？"

是啊，太简单了，对吧？但是放眼看去，我们会看到很多不符合常识的行为。

比如，想要更瘦、更健康，就得少吃多运动，这是常识，可有多少人的选择是打针、吃药、动刀？想要变得更聪明、更有见识，就得多看书、多学习、多找厉害的人交流，这是常识，可有多少人选择了走捷径和给成功学交智商税呢？

再如，想要做成做好一件事，就得投入大量的时间和精力，认真打磨每个细节到极致，这是常识。但这些年人们一直在赞叹"工匠精神"，这说明什么？这恰恰说明真的会这么做的人少之又少。

回到上台演讲这件事，自从 TED2006 年在全世界火了之后，国内也有很多的人和组织说要搞中国的 TED，要做高质量的内容分享论坛。到现在 14 年了，如果是个 2006 年出生的孩子，现在都已经是青少年了。但为什么直到今天，一个做成的都没有呢？

TED 就是一个舞台、一块红毯、一个演讲人，从形式上毫无难度可言，谁都能做得出来，甚至稍微多花点钱，在灯光舞美上可以轻松超越 TED，但为什么就是做不出来呢？

因为 TED 真正的内核不在于形式，而在于内容。换句话说，在神不在形。

我看过一些资料，TED 从选嘉宾到上台，长的要半年的时间，在这个过程中，各种定选题、对稿、磨内容，嘉宾上台之前还要进行封闭式训练。只有这样磨出来的内容，才能经得起时间的考验，哪怕十年后看到，你还是会觉得，讲的（东西）真好啊。

只是请来大咖，有了所谓的流量，却没有在内容上下最大的功夫，花最多的时间，你想超越 TED，怎么可能呢？

快流量都是速朽的，好作品才是长久的，但好作品是要靠打磨的呀！这也是常识。

其实我的训练方法之所以效果这么好，并没有什么秘密，就是因为一遍遍反复磨内容，一个字一个字抠稿子，然后反反复复地训练，把稿子变成肌肉记忆，在台上才能保证稳定出色的发挥。就像你要去参加奥运会，训练量不够怎么行？

台上一分钟，台下十年功。这不就是常识？！

不要轻视简单，简单意味着坚固。

我们可以反直觉、反套路，唯独不能反常识。

常识就好像《少年派的奇幻漂流》里的那只老虎，如果你挑战它，它会咬死你；但你如果敬畏它、信仰它、供奉它，它会保护你。

注意，我在说的是一种价值观。

王家卫在拍《一代宗师》时，拜访了很多武学大师，问他们："什么叫绝招？"结果发现大师们的回答都差不多："所谓绝招，就是把一个简单的招式练到极致。"

你会发现，高手们做事的方法都差不多，不投机取巧，都是踏踏实实做事，遵守常识。

我们再看看商业领域，过去十年，有多少所谓的新物种、新模式出现在了商业领域内，它们来的时候锣鼓喧天、气势汹汹，然后呢？现在它们在哪里？

那些真正的企业家是怎么做事的呢？

"股神"巴菲特说:"想要在股票里赚钱,就要'低价买、高价卖'。"

你说:"就这?谁不知道啊?"事实是,2000年美国互联网泡沫时,2008年全球金融危机前,各路专家们都在鼓吹"高价买,更高价卖出",还嘲笑巴菲特是个老古董,说他的那套方法已经过时了,他们说"金融产品永远不会再有低价格了,只有更高的价格"。

最后结果怎么样,我们都知道了。

杰夫·贝佐斯说:"我经常被问到一个问题——'未来十年,会有什么样的变化?'但我很少被问道'未来十年,什么是不变的'。"

无论巴菲特还是贝佐斯,本质上都是在强调同一件事——不要花样百出地追求新鲜刺激,要遵循常识做事。

难的不是做别人不知道的,而是做好人人都知道的。

在保罗·柯艾略的《牧羊少年奇幻之旅》里,有这么一个情节。

> 牧羊少年圣地亚哥和炼金术士在沙漠里行走,圣地亚哥问炼金术士,什么是炼金术?
> 炼金术士说,炼金术就是天地初开的时候这个世间所有的真理,它们被刻在了一块石板上。
> 圣地亚哥摇头表示不相信,这个世界上讲炼金术的书那么多,恐怕

一整间图书馆都装不下，你怎么能说一块小小的石板就刻下了呢？炼金术士说，其实这个世界的真理并没有那么多，一块石板就刻下了，但是因为人们不相信真理会这么朴素，所以忍不住会对真理进行再解释，结果越解释越多，终于整个图书馆都放不下了，但请相信我，这个世界的真理都很简单，一块石板就足够刻下了。

这是一部很棒的小说，其中有许多精彩的情节，但不知道为什么，我偏偏对这个段落印象极其深刻。

常识才是我们这个世界真正的"炼金术"。它一直存在于每个人的心里，需要我们用生命去重新验证。

如果你也是常识的信徒，那么当所有人都在追求走捷径时，你应该踏实走好自己脚下的路。当全世界都在追逐短暂的风口时，你应该把自己变成一条静水深沉的河流。当他们都在受益于粉丝经济时，你应该去种树，去播种希望。

在下一个十年的第一天，我选择种下一棵树，就是这场每年 1 月 1 日的《回响·开年演讲》，这个就是中国水准最高的 TED，没有之一，我想用它来证明，常识是我们永远可以信赖的东西。如果你偶尔内心也会产生怀疑和摇摆，请你把这棵树当作前进路上的道标。

为什么听过了那么多道理，却还是过不好这一生？因为也许过好这一生，并不需要那么多的道理，我们只需要——信赖常识。

附录 B　如何重塑一个古老的行业[1]

去年的今天，我在 48 小时里，体验了一把坐过山车一样的经历。

2021 年的 1 月 1 日，我们在凌晨 0 点到 4 点，办了第一场开年演讲。因为内容足够精彩，到场的听众都很兴奋，之后我们还一起去海边看了下一个十年的第一缕阳光。

就在我完成了这个史无前例的挑战、感到无比兴奋的时候，我所有的专栏从"得到"App 下架了。

我是"得到"App 的第一批年度专栏作者，整整 3 年的时间，每天一篇 3000 字的文章，大年三十都没有休息过。因为长期写作，我的颈椎第六节出现了钙化。

我对"得到"是有感情的，在内容能力的提升上，"得到"给了我很多帮助。在办《回响·开年演讲》之前，我也咨询过罗振宇老师，他还给我提了一些优化的建议。

结果活动成功举办，却有了这些"误会"，也许有一天，双方能够和解。我不认为我在做的事情与得到是竞争关系，甚至与任何现有的

---

[1] 本文系作者在 2022 年"回响·开年演讲"中的压轴演讲，收录时略有改动。——编者注

商业模式都不存在竞争关系。

我真正想做的，是重新塑造一个古老的行业，帮助更多的人。

这个行业与你有关，与我有关，与每个人都有关。这个行业就是演讲。

从人类能够用语言交流开始，所有人都要讲话。在人群中能够表达好自己想法的人，就能凝聚和团结人。在《蝇王》里，当男主角拉尔夫吹响海螺时，人们自然会汇聚到他的身旁，推举他当领袖。

你会发现，一个人想要获得更大的影响力，要被看到、被喜欢、被欣赏、被认同、被追随，能够使用的方式其实非常少，要么写文章，要么做演讲，而相比著书立说，做好演讲的成本显然更低。

这就是为什么从古希腊的将军、演说家，到现代的领导者、商业领袖，演讲都是他们极其重要的扩散影响力的手段。

但这件事，我们做好了吗？

来看这样一些画面，你可能会很熟悉。

现在一般去参加活动，观众们是什么状态？打瞌睡、玩手机，互相闲聊。

我不知道你是不是参加过这样的活动，也许举办方在现场布置上投入了大量的人力、资金，但内容却让你有一种在浪费时间的感觉？

换一个角度看，那个站在台上的演讲者，他眼里看到的是什么？一群观众看天、看地、看手机，就是不看他。台上的他是不是也倍感煎熬？

那么问题来了，钱花了、人来了、话讲了，结果所有人都不满意，这样对吗？

为什么这样的场景反复上演呢？

我们不妨想一个最本质的问题：做好一场演讲，最核心、最关键的是什么？

是演讲技巧吗？

绝对不是！

没有一个听众是来听演讲技巧的，所有人都是想要得到启发、得到收获的，换句话说，都是奔着好内容来的。

但是，现在的演讲培训做好内容了吗？

只告诉你，别紧张，手要怎么放，人要怎么站。这到底是训练演讲，还是生产人形立牌？

演讲技巧都是锦上添花，内容才是"锦"，连"锦"都没有，往哪添花？你看，霍金，他只能使用三根手指和眼球，哪有什么演讲技巧，但他每一次的公开演讲都能引起轰动，因为他讲的内容足够好。

当你拥有高级武器时，别人学再多的兵法也没用。

乔布斯开一个产品发布会，观众还得排队买票，这样的发布会不仅节省了大量的宣传费用，还可以引爆影响力，把昂贵的苹果产品卖断货。这是因为他的 PPT 做得好看吗？那时的舞台与现在的没法比。是因为他有名吗？

如今有名的企业家也不少，为什么大家不爱听他们上台演讲呢？

是因为现在没有人像乔布斯一样，投入大量的时间打磨内容，做练习和彩排。苹果公司前 CEO 约翰·斯卡利说："乔布斯对每句话、每一步、每一次演示都反复推敲。那些看似信马由缰的自由发挥，其实经过了一遍又一遍的排练。"

我说一个数据：第一代 iPhone 上市的发布会，乔布斯彩排了差不多有100 次。

那可是有世界级演讲水平的乔布斯啊！而现在的很多演讲者呢？什么准备都没有，上台就是照着提词器念……

你的水平不太可能比乔布斯还高吧？那么，你为什么会觉得，上台演讲不需要精心打磨的内容和反复用心的彩排呢？

后来我发现，其实不是不需要，是大家不会，而且现在市面上根本找不到这样的服务。

很多演讲教练，企业家和领导者根本就不会请，请来也没用，因为没有做好内容的功底，会活生生地把一场演讲变成喊口号、灌鸡汤的大会，那确实不如不请。

越是重要的场合，就越不能马虎。越是重要的发言，就越要打磨出足够好的内容。但你会发现，国内真正能做这件事的人很少，一是因为会的人太少了；二是因为做好内容这件事，成本太高了，也很难做成。

但收益真的很高。所以我才说，我想重塑演讲这个古老的行业。

你觉得这件事有商业价值吗？这么多企业不都要开发布会吗？这么多人不都在做演讲吗？这充分说明这件事其实是刚需啊！

能帮助人们提升影响力，怎么会没有商业价值？只是很多人还没看到罢了。

为了重塑演讲这个行业，我做了三件事：制定标准、汇聚精英和打开市场。

首先演讲教练的能力要强，从各行各业里吸取精华，我学习研究了很多学科，比如语言学、修辞学、经济学、金融学、社会学、人类学、天文学、地理学、政治学、文学、戏剧、广告学、传媒学、教育学、化学、材料学、新闻学、心理学、管理学、考古学、医学、药学、哲学、军事、民俗学、气象学、运动学、投资、出版、生物学、控制论、信息论、工程学、统计学、物流、供应链、市场营销与定位、力学，最好还能精通多门外语。要说是这些领域的专家，我肯定谈不上，但我做到了在这些领域内博览群书，拓宽知识面。

另外，我把过去在新东方教出国考试积累的公众演讲经验，在中央电视台、地方卫视做节目积累的面对镜头和媒体的经验，以及写作专栏积累的内容经验，融合到一起，打造出一套完整的生产流程，可以保证让一个人上台就有个绝对精彩的表现，不管他有什么背景。

这件事还要感谢一个人的启发，那就是李诞。他写了一本书非常棒的书——《李诞脱口秀工作手册》。他在书中把自己对怎么做好脱口秀的理解都写了出来。我总结了一下，一共有三个核心要点：第一，逐字稿，如果没有稿子，就全都是扯淡，想改好都没东西改；第二，读稿会，让一帮高手来给你修正，集体智慧共创；第三，开放麦，反复地练习、彩排、试错、揣摩、找感觉。

我看到这些的时候直拍大腿，觉得他写的方法和我的想法不谋而合，因为要做好一次演讲辅导，核心也是三件事：第一，逐字稿；第二，打磨会；第三，练习和彩排。

要做出好内容，其实底层逻辑是一样的。

在书里，李诞特别强调，这些方法是他的"个人偏见"，所以在这本工作手册前面，他特意加上了"李诞"两个字，希望之后有人来纠正和完善。但我觉得，这是他谦虚的表现，这哪里是什么偏见，而是做出好内容必须遵循的常识和规律。

在一个还没有标准的行业里，先制定一套标准是很重要的。

在李诞的启发下，我写了《马徐骏·演讲教练工作手册》，把我的工作流程和心得都完整地写出来，现在是 1.0 版本，之后会不断地迭代，也希望之后有人来纠正和完善。

各位的伴手礼中有纸质版，在我的公众号里可以下载电子版。

今天本来也请了李诞来现场，结果他公司有事来不了，那就隔空表达一下对诞总的感谢吧。

靠我一个人想完成对行业的重塑是不可能的，需要有更多有能力的高手一起来做。所以我开了"首席内容官训练营"，简称 CCOC，我把自己的心得和经验毫无保留地在 CCOC 分享，希望能够培养出更多优秀的演讲教练。

目前 CCOC 开了两期，让我非常惊喜的是，已经涌现出一大群优秀的教练。这次开年演讲，我们 10 位嘉宾优秀内容的背后，有教练们的努力和付出，也请允许我在这里对教练们表达感谢。

当然，我们的教练也问过我："你这么毫无保留地教，是不是在培养自己的竞争对手啊？你就不怕教会徒弟饿死师父吗？"

我说："如果徒弟强了，师父没饭吃，只能说明这个师父没出息。"

徐浩峰导演说："中国传统武术绝艺原本就不多，几百年来你藏一招、我藏一招，藏到最后，只剩下一地鸡毛。"

师父必须不断进步，才是给徒弟做了个好榜样。

我的目标是让这个行业越来越好，如果有一天我不干了，结果我还是这个行业的天花板，那不就意味着这个行业没发展、没前途吗？

必须有更多厉害的人涌现出来，这才是个有希望的行业。CCOC 会继续办下去，欢迎你的加入。

当然，很多人还没意识到好演讲的核心是好内容，打开市场是需要时间的。这需要多久呢？

我想给你讲个故事，（这个故事）来自女作家安·拉莫特。

她的哥哥 10 岁时，要交一篇鸟类报告。他之前写了 3 个月都毫无进展。眼看第二天就要交作业了，看着空白的报告，哥哥急得快要哭出来了。

他们的爸爸是一位作家，这时，爸爸走到哥哥身边，把手放在他的肩上，对他说："一只鸟接着一只鸟，按部就班地画。"

安·拉莫特长大后也成为一位作家，她出过一本关于写作的书，中文译名就叫《一只鸟接着一只鸟》，但你可以发现，这本书的英文名叫"Bird by Bird：some instructions on writing and life"。

它在说的不只是写作，还有关于生活的真谛。

我不知道打开市场到底需要多长时间，我只知道，唯一正确的做法，就是"一只鸟接着一只鸟"，一件事接着一件事，认认真真地做下去。

高大的橡树，也是由小小的橡树子慢慢长成的。

我们需要的，是耐心；我们遵循的，是常识。

这恰恰是奋斗者做事的方式。

这么做事，看起来慢，但很扎实，所以我相信未来的回报也会很高。因为你会发现，用过我们服务的人，是回不去的。每个人都对好东西有感知，标准上去了是下不来的。

目前来看，如果你想要做出顶级的演讲和发布会，我们其实是唯一的供应商，你也没有其他选择。按照赫尔曼·西蒙教授的说法，我们就是"隐形冠军"。

去年，我在这个舞台上承诺，开年演讲我们会连做十年，我们是种树的人。今年，在此基础上，我们建立了自己的品牌，叫作"回响"，它是两个海螺组成的无限符号，寓意"念念不忘，必有回响"。我们想让那些奋斗者们动人的故事，能够在这个世间回响。

我们也在用海螺召唤着同路人，想要重新塑造一个行业是很艰难的，就像取经一样，我们需要你的帮助、你的加入，我们一起互相扶持，踏上漫漫征途。

我们化缘、我们翻山、我们涉水、我们战斗，我们自己就是孙悟空，我们自己就是唐三藏。

最后，我再讲一个非常打动我的故事，源自《三体》。

他是章北海，小说里，中国太空军政治部主任，也是亚洲第三分舰队旗舰舰长；他是整部小说里，我最敬佩的人。

在面对三体人的威胁，所有人都崩溃、绝望的时候，他忍受着怀疑、嘲笑和牺牲，坚定地朝着最有希望的未来前进。

有人说，比水滴更坚硬的，是章北海的意志。当他面对茫茫的黑暗宇宙和2000年未知的航程时，他给整个舰队的命令只有三个字——

前进四！

"前进四"是飞船的最大加速度档位。

他想说的是，唯有拼尽全力的前进，才是希望所在。

我想说，不管我们现在面对的是什么样的现实，也不管未来还会有多少困难，对奋斗者来说，最好的回答只有三个字："前进四！"

附录 C　究竟什么才是"新希望"[1]

2022 年 7 月 11 日晚上，NASA[2]公布了一张很震撼的照片：人类有史以来最强大的太空望远镜——詹姆斯·韦伯太空望远镜，在地球外侧大约 150 万公里的拉格朗日 L2 点展开，拍摄的第一张全彩深空照片。

这是距离地球 46 亿光年、位于飞鱼星座南部的 SMACS 0723 星系团的照片，这也是人类有史以来第一次把如此遥远的星系拍得这么清晰。

我们可以对比一下"韦伯"的前辈——哈勃太空望远镜拍摄的同一区域的照片，你会发现，韦伯的版本更加清晰，有更丰富的细节，我们看到的这些光亮，可不是恒星，而是一个又一个的星系，就像银河系一样，银河系只是千亿个星系中的一个，而地球不过是银河系几十亿个星系中的一颗微尘。

宇宙比我们想象的，还要深邃和辽阔。

地球究竟有多渺小？

1990 年，当旅行者 1 号即将飞出太阳系的时候，它回转身，对着地球

---

[1]本文系作者在 2023 年"回响·开年演讲"中的压轴演讲，收录时略有改动。——编者注

[2]美国航空航天局——编者注

的方向拍下了这张经典的照片，被天文学家卡尔·萨根称为——"暗淡蓝点"。在这张照片里，只有 0.12 个像素这么大的，就是地球，我们的家园。

卡尔·萨根写下了这么一段话：

"再看看那个光点，它就在这里。那是我们的家园，我们的一切。你所爱的每一个人，你所认识的每一个人，你听说过的每一个人，地球有过的每一个人，都在它上面度过他们的一生。我们的欢乐与痛苦聚集在一起，数以千计的自以为是的宗教、意识形态和经济学说，所有的猎人与强盗、英雄与懦夫、文明的缔造者与毁灭者、国王与农夫、年轻的情侣、母亲与父亲、满怀希望的孩子、发明家和探险家、德高望重的导师、腐败的政客、超级明星、最高领袖、人类历史上的每一个圣人与罪犯，都住在这里——一颗悬浮在太阳光中的尘埃上。"

人类，真的很渺小。

过去三年发生在这颗星球上的事，放到宇宙尺度下，其实什么都不算，想到这点，还挺治愈的。

更重要的是，想到我们能走到今天，不是因为事事顺心、万事如意，而是因为我们从未停止过努力。

你可能听过这样的说法：地球是最适合人类生存的星球。

真的是这样吗？

英国有位量子物理学家叫大卫·多伊奇，就提出过不同的观点——地球其实并不适合人类生存。

如果在寒冷的冬夜里，我们没有衣物或者其他技术的保护，很快就会冻死。星际空间杀死我们只需要几秒钟，在地球上也不过就是几小时，我们没有任何理由认为，地球是适合人类生存的，或能为人类提供"生命支持"系统。

原始状态的地球生物圈，基本上不能让一个没有防护的人活多久，所有能够支持人类生存的东西，衣服、房屋、农场、医院、电网、下水道这些东西，并不是由生物圈提供的，而是人类自己建造出来的。

也正是因为一代又一代人的不懈努力，我们不但让自己生存的环境变得越来越舒适，甚至还有了移民其他星球的能力，按照现在人类的科技，要在月球上建立一个基地并非不可能，只是很昂贵。同样，马斯克要移民火星的梦想，也并不是痴人说梦，只是超级昂贵。但别忘了，无论月球还是火星，都完全不适合人类生存，甚至没有生物圈，但今天的人，已经有了改造它们的能力，以及生活下去的信心。

对，进步和成就从来不是天上掉下来的，而是我们创造出来的。

这三年，每一次办开年演讲都有无数劝退我们的理由，就在今年开年演讲开始前的半个月，还有很多朋友在关心我们，说："还能办吗？要不要延期？"

我说："办，照办！"

如果因为有困难就退让、就延期，那么最终的结果，可能是永远也办不起来，因为不管你在什么时候搞活动，一定会有各种各样的问题，我们并不是等着万事俱备才开始，而是创造出万事俱备的条件来，让它成为可能（We don't wait for Miracle, we make it happen）。

你可能会好奇，我为什么这么执着地要做这件事？

我想先给你讲个故事。

1984 年的时候，有一位叫理查德·乌曼的建筑师发现，科技、娱乐和设计这三个领域的人，经常会聚在一起交流，于是干脆就把这三类人聚在一起，办一个分享活动，取了科技（Technology）、娱乐（Entertainment）和设计（Design）这三个单词的首字母，组成了 TED。

这就是第一届 TED 大会的由来。

第一届 TED 大会，也确实做到了提供当时足够前沿的很多黑科技，比如苹果公司的麦金塔电脑、CD 光盘、电子书、3D 技术，等等，像 3D 和电子书这样的技术，今天还存在，而且已经非常普及了，可见当时的 TED 大会多么有前瞻性。

到明年，TED 大会就要满 40 岁了，它的内容也早已超越了科技、娱乐和设计这三个最初的领域，几乎无所不包。

我是 TED 的粉丝，它帮我打开了一个新的世界，让我知道，原来演讲不是慷慨激昂的打鸡血、喊口号，而是能够传递知识和力量，让人有极大收获感的。

在研究了十多年的 TED 之后，我有个大胆的想法，为什么我们中国不能有一个类似的知识分享平台呢？

我们这么大一个国家，各行各业能人辈出，我们能不能做一个自己的标准，让这些能人上台做精彩的分享呢？

你可能会问，人家 TED 已经做了快 40 年了，你凭啥能干得过啊？

在这 40 年的时间里，TED 也不是一帆风顺的，第一届 TED 大会虽然门票的价格高达 4000 美元一张，但还是血亏，之后整整 6 年的时间都没有缓过来，所以第二届 TED 大会一直到 1990 年才重新召开。

把 TED 带上一个新高度的，是一个名叫克里斯·安德森的商人。

2001 年，克里斯·安德森花 600 万英镑买下了 TED，并且把 TED 的理念变成了"传播有价值的思想"（Ideas worth spreading）。

在安德森接手之后，TED 也没有立刻顺风顺水、原地起飞。一直到 2006

年，他力排众议做了一个关键决定，就是把 TED 的演讲内容放到网上，并且以免费的形式让所有人共享，这才最终引爆了 TED 的影响力。

所有的成长，都要经历挫折和坎坷。"回响"这个品牌才刚起步，在最开始的这 3 年，虽然非常困难，但我们一步也没有退，坚持下来了。都说事不过三，我不敢说明年的情况一定会更好，但有我们演讲嘉宾的认可、有在座的你们的认可，我更有理由把这件事做下去，而且我希望，最终走一条跟 TED 不一样的道路——一条属于中国知识分享舞台自己的路。

硅谷有个投资人叫彼得·蒂尔，他是 Paypal 的联合创始人，也是 Facebook 的第一个外部投资者，他写的《从 0 到 1：开启商业与未来的秘密》也在中国风靡一时。

他经常会问创业者一个问题：在什么重要的问题上，你与其他人有不同的看法？

我至少有两点不同看法。

第一，我并不认为花时间来打磨一个演讲是在浪费时间，只有随随便便弄出一个稀松平常的东西，才是在浪费时间，既浪费演讲者的时间，也浪费听众的时间。

但现在国内一些演讲分享类论坛，都是这么干的，不敢下狠心去跟嘉宾磨内容，也不敢下狠手训练嘉宾，所以质量肯定不咋地，没人看不是很正常吗？你花了多少心思，别人是看得出来的，不要把别人当傻子，更不要自欺欺人。

我认为只要最终你能确保跟嘉宾一起，共创了一个经得起时间考验的作品，嘉宾是乐于花时间投入的。我们每一届开年演讲都是这样，不管来的嘉宾多大腕儿，我们对嘉宾的训练从来不会放水，因为我们的嘉宾都是各个领域的专家，专业的人会信任专业的人，他们相信我们能保证演讲作品的质量，他们也敢推荐其他人来成为我们的演讲嘉宾。

什么叫质量？

美国质量管理专家克劳士比提出过一个非常精彩的定义：质量就是符合标准。

我们有一套自己的内容生产标准，已经流程化了，叫做《马徐骏·演讲教练工作手册》，在各位的伴手礼袋里有它的 2.0 版本，对，我们每年都在优化迭代。

可能 TED 也有这样一个东西，但他们从来没有公开过，那么我们就是全世界第一个把演讲这件事标准化、流程化的人。

第二，我认为国内大多数的企业发布会都是在浪费钱。

不管搭建了多炫酷的舞台，请了多少人到场，最终，最重要的其实是发布会的内容，这才是发布会的核心，其他硬件都是为了辅助内容的传播。但现在的情况是，这么多企业发布会并没有完全从受众的角度去设计内容，打磨内容，嘉宾上去对着提词器念一通，可想而知下面的人是否会认真听，这样的内容是否会有传播力。

这对于花掉几百万元甚至上千万元的发布会来说，简直是令人发指的浪费。

我相信，人们的时间会越来越值钱，那些低水准的、无聊的活动，别说打动人，可能都不一定能把人聚起来。

因此我们做了高光工作室，就是来帮企业解决这个问题的——开出乔布斯级别的精彩发布会。

你也可以把每年的开年演讲理解为我们自己的一场企业发布会，如果你觉得今天是有收获的，有内容能让你印象深刻，欢迎你来找我们解决你企业大活动的问题。

当你相信一件事是对的，不能只是嘴上说，要用行动去投入。

人都是因为看到才相信，那我就证明给你看。

我从来不觉得自己是个聪明人，我只是对未来抱有美好的想象，然后努力去实现罢了。但我发现，其实真正的聪明人，反而也是会对未来有信心的人。

正所谓，"悲观者永远正确，乐观者开创未来"。

未来会不会好，要看我们怎么去创造，而不是躺在地上哀嚎能解决的问题。

说回我们这次的主题——新希望吧。其实这个主题来自星球大战系列电影的第一部：在残暴的银河帝国统治下，有一群反抗军依然在坚持斗争，他们不怕自己势单力薄，也不怕银河帝国近乎碾压性的军力优势，依然选择对抗到底，最终炸毁了"死星"，也开启了《帝国反击战》的新篇章。

在希腊语里，人类（anthropos）的意思是：总是仰望的生物。哪怕在一颗不适合我们生存的星球上努力挣扎，我们也从来没有停止过仰望星空，并用最大的热情和投入去实现自己的梦想。

千百万年来，人类其实只讲了一个故事——不懈努力的奋斗者的故事。

我们今天的每一位嘉宾，都是踏踏实实朝着自己的目标迈进的人，他们的胸中和眼中燃烧着熊熊火焰，这火焰会驱散黑暗，照亮未来，也会温暖向他们靠近的人。

如果你问我：到底什么才是新希望？

我的回答是：在一个寒冷的世界里，我们选择了滚烫的人生。

顶级的快乐是创造

如果有一天，你被迫足不出户，要独自在家里待上半个月，你会怎么度过？

这种体验，在过去几年里，你可能有过了，因此应该能够理解这种需要被填塞的时间有多么难熬。

当然一开始一定是觉得爽，想着大把的时间归自己支配，可以把一直欠的觉、囤了好久的剧、追了一半的综艺节目，以及没时间玩的游戏一次性全补上。

那么，这样的状态到底能维持多久呢？

睡觉睡到头晕、脑袋疼；追剧、刷综艺熬得两眼通红，看完还把自己累个半死；游戏没日没夜地打通关了，却没有力气再打开新的游戏；半瘫在沙发上刷短视频，刷到脖子都酸痛了。

所有这一切过后，你到最后的感受依然只有"空虚"两个字。

这是为什么呢？

因为这些行为本质上都是消费，而消费带来的快乐是有限的。

换句话说，消费是一种低层级的快乐，只要通过放纵就可以得到。

顶级的快乐正好与此相反，是通过创造达到的，过程往往很煎熬，可是带来的快乐不但超越预期，还很长久。

在电影《肖申克的救赎》中，蒙冤入狱的安迪，因为违抗狱长的命令用监狱广播播放歌剧而被投入黑牢关了两周禁闭，大家都以为他会疯掉，但他却面带笑容、神采奕奕地出现在大家的面前。在空无一物、只有无尽黑暗的禁闭间，安迪在脑海中不断重温着莫扎特的旋律，非但没有因为孤独发疯，反而获得了极大的满足。

这个故事是虚构的，却有着现实原型。

1940 年，德国只用了两天的时间就绕过号称固若金汤的马其诺防线，侵入法国，有一位年轻的法国士兵被俘虏，随后被投入战俘营。直到第二次世界大战结束，这位法国士兵不但熬过了五年艰苦的时光，辗转两个战俘营活了下来，在离开战俘营时，还完成了一部伟大的历史著作——《地中海与菲利普二世时代的地中海世界》。这位法国士兵就是法国历史学家费尔南·布罗代尔。

五年的战俘营生活，一个年轻学者并没有虚度，他用头脑对抗现实，用创造获得快乐与满足，而这本巨著出版后，给布罗代尔带来的，是后半生延续至今的史学地位和声望。

美国史学家 S. 金瑟（S. Kinser）就布罗代尔的贡献写道："如果授予历史学家诺贝尔奖，那么获奖者一定是布罗代尔"，那句"（萤火虫）苍白的光闪亮，消失、再闪亮，但都无法用任何真正的光明刺穿黑夜。事件也是如此；在它们光亮范围之外，黑暗统治一切。"就是他的名言。

同样是经历了牢狱之灾的南非前总统曼德拉，在他 40 年的种族斗争历史中，有 27 年是在监狱中度过的。曼德拉在监狱里开始撰写自己的回忆录，当然只能在私下进行，不能书写的时候，他就在头脑里遣词造句。当选南非总统后，曼德拉的回忆录出版，并成为全世界的畅销书，也为他赢得了跨越种族的尊重。

这样了不起的伟大人物，是通过创造度过艰难时光的。

作为一个普通人，我们能够创造什么呢？

很简单，把自己擅长的事坚持打磨成作品即可。

如果你喜欢木雕，就雕出像样的工艺品来；如果你喜欢书法，就把字练到让人愿意花钱装裱起来；如果你喜欢音乐，就把自己热衷的流派研究明白……

然后呢？当然是写下来！

没错，写下来，发表出来，哪怕只是发表在自己的公众号上，都是一种创造，更是一种可以累积的复利。把你对事物的看法、对行业的认知、获得的进步和启发写下来，一旦你进入心流状态，漫长的时光就不再是痛苦的，而是一闪而过的。

持续地写作会让你厘清自己的思路，加深对一个领域的理解，帮助你建立自己的认知体系。即使这些作品不出版，也会帮助你获得行业声望和地位。

这个过程相比消费，一定不那么舒服，但我们现在不都在说延迟满足吗？创造就是延迟满足的一种，而且是一种大满足。

勇敢地去做吧，这个世界上，真正去实践的人是很少的，一如真正能成为英雄的人屈指可数。但创造才是英雄的用武之地，创造才是英雄的成名之道。

这个道理，如同魔法师和他的剑。

有一个魔法师，他已经修炼到很高的境界，只差最后一步就能得到一把充满力量的魔法之剑，功德圆满。

就在他要接过这把剑的时候，魔法师的师父突然把剑收走了，还把他的手一脚踩在地上，并对他说："你不配拥有这把剑。"

魔法师蒙了，问师父："为什么？"

师父说："现在的你，得到这把剑没有任何好处，你必须重新去走一遍剑之试炼。在这段试炼的旅程里，你要找到自己不能得到这把剑的原因。我还会为你请一个向导，但是如果在到达终点时，你还是找不到今天得不到剑的原因，你就真的不配拥有这把剑。"

说完这段话，师父就走了。

魔法师无可奈何，只能踏上旅程去走这段剑之试炼。

在路上，他一遍又一遍地问向导："我怎么样才能拿到这把剑？"

向导被问烦了，终于有一次，向导对魔法师说："我就告诉你一句话，你问错问题了。"

魔法师非常好奇，那么正确的问题应该是什么呢？

向导不再回答，只是继续催促魔法师赶路。

最后，在他们就要走到终点的前一天，天空下起了瓢泼大雨，他们走在山路上的一片树林里。突然向导转过身来，对魔法师说："明天你就到达旅程的终点了。在这段旅程中，我虽然是你的向导，但我也收获了很多，谢谢你，我的旅程已经到达终点，最后这段路你自己走吧。"说完，向导转身就走了。

魔法师当时就慌了：这是什么意思？我还不知道怎么得到剑，结果向导也走了？

这时向导又转身回来对魔法师说："如果你知道了那个问题的答案，请你用某种方式告诉我，我会知道的。"说完这句话，向导真的走了。

魔法师没有办法，只能在大雨里朝着山顶攀爬。

他终于爬到了山顶，看到了一个巨大的十字架，在十字架下面，有一只迷路的羊羔。魔法师看着那只羊羔的眼睛，就在那一刹那，他突然明白了师父为什么不肯把剑给他，也明白了向导为什么一直在说："你问错问题了。"

这时，突然雨停云开，阳光照在了魔法师的脸上。

第二天，魔法师走到了旅程的终点，他的师父正拿着剑在等他。

师父问他："你明白了吗？"魔法师走到师父面前，在师父的耳边轻声说了一句话。

师父笑了，把充满力量的魔法之剑给他，说："你现在终于有资格拥有这把剑了。"

魔法师在纸上写下了那句在师父耳边说出的话，走到森林里，把纸条压在了一块石头的下面，以此表达对向导的感谢。

故事结束了。

你知道那句让魔法师最终得到魔法之剑的话，到底是什么吗？

其实那句话并不是什么咒语，而是一个问题。魔法师一直在问的是："我怎样才能得到这把剑？"向导说："你问错问题了。"因为那个真正正确的问题是："我为什么要得到这把剑？"

这个故事是巴西作家保罗·柯艾略的小说《朝圣》里的情节。

为什么我在最后要讲这个故事作为本书的结尾？因为这就是对于"成名"这件事最好的隐喻。

当我们一直在追求名望和财富时，就像走上朝圣之路的魔法师一样，我们只是一心想着如何才能获得充满力量的魔法之剑，却从来没有想过，我们要拿这把剑、这力量、这名声、这财富来做什么。

虽然名利谁都想要，但是当你不知道自己为什么要拥有它们时，结果就是，你一定会被这种力量反噬甚至伤害。

这也是魔法师的师父不能在第一时间把剑交给他的原因，同理，这也是我们开始追求名利的时候，必须想清楚的前提。不管你是要打造个人品牌、塑造影响力，还是赚钱，都要明白，名利不是我们的最终目的，只是实现我们的目标、创造美好作品、给他人带来价值和幸福的手段。

就像哲学家尼采所说的："当一个人知道自己为什么而活时，就可能忍受任何一种生活。"只有当我们知道自己为什么获得名利时，才能不被自己的欲望吞噬，心安理得地拥有和享受这一段旅程。

愿你功成名就，也祝你度过幸福的一生，更希望你能正面地影响更多人。